Mittelpunkt
neu B1+
Intensivtrainer Wortschatz und Grammatik

欧标德语教程

B1+ 词汇语法强化训练

编　著：［德］安珂·博姆
　　　　比吉特·布劳恩
　　　　卡嘉·丰克－切诺伊
　　　　娜嘉·福格特
　　　　桑德拉·霍曼

编　译：田春雨

上海译文出版社

图字：09–2022–0228

图书在版编目（CIP）数据

欧标德语教程. B1+. 词汇语法强化训练 /（德）安珂·博姆等编著；田春雨编译. — 上海：上海译文出版社, 2024.5
ISBN 978–7–5327–9546–8

Ⅰ.①欧… Ⅱ.①安…②田… Ⅲ.①德语—习题集 Ⅳ.①H33

中国国家版本馆CIP数据核字(2024)第072427号

欧标德语教程B1+（词汇语法强化训练）
[德]安珂·博姆 等 编著
田春雨 编译
———————
上海译文出版社有限公司出版、发行
网址：www.yiwen.com.cn
201101 上海市闵行区号景路159弄B座
上海华顿书刊印刷有限公司印制

开本890×1240 1/16 印张4 字数138,000
2024年5月第1版 2024年5月第1次印刷
印数：0,001–3,500册

ISBN 978–7–5327–9546–8/H·1601
定价：29.00元
———————
如有质量问题，请与承印厂质量科联系。T: 021-36162648

《欧标德语教程 B1+（词汇语法强化训练）》
使用说明

《欧标德语教程 B1+（词汇语法强化训练）》是为《欧标德语教程 B1+（学生用书和练习册）》精心定制的配套专项强化练习材料。本书既可以用于课堂的差异化教学，也可以供使用者在家自学。

本书结构

《欧标德语教程B1+（词汇语法强化训练）》共有六课，在语法讲解和词汇方面与《欧标德语教程B1+（学生用书和练习册）》一一对应。本书遵循学生用书和练习册循序渐进的编写原则，但没有重复每个板块双页面的编排格式，而是设定了自己的重点，即对学生用书和练习册中出现的语法现象和词汇进行研究和针对性练习。本书的参阅标识系统与学生用书和练习册一致，会标注出与之对应的学习任务及练习。

LB: B1   在学生用书部分

    （例如，此处参见学生用书部分该课B板块的学习任务1）

AB: B1   在练习册部分

    （例如，此处参见练习册部分该课B板块的练习1）

针对《欧标德语教程B1+（学生用书和练习册）》中的每一课，本书还准备了大量词汇和语法的补充练习。每个练习用如下三个字母来标注：

（W）   表示复习 (Wiederholung)

（V）   表示强化 (Vertiefung)

（E）   表示拓展 (Erweiterung)

借助这些字母标识，不管是教师在课堂上，还是使用者在自学时，都可以很轻松地决定是否要复习（W）《欧标德语教程B1+（学生用书和练习册）》中的内容，还是要更深入地研究（V）某个主题或熟悉的结构，从而拓展（E）出新的视角和观点。拓展练习主要针对学习能力较强的使用者。无论在课堂上还是在家里，这个清晰的参阅标识系统都会让差异化学习变得更简单。本书还为使用者留出足够多的书写空间，练习答案可与附录中的参考答案进行对比。

LB ● 4
AB ● 3   除了词汇和语法练习，本书还提供符合德语正字法规则的拼写练习。书中的听力练习以《欧标德语教程B1+（学生用书和练习册）》的音频材料为基础，适合使用者进行差异化学习。

出版社和编写团队祝您在使用《欧标德语教程B1+（词汇语法强化训练）》和《欧标德语教程B1+（学生用书和练习册）》时都能够乐趣多多，收获满满！

目录 Inhaltsverzeichnis

A Ankommen

1 Wortschatz: Fotos beschreiben

(v) **a** Schauen Sie sich die Fotos noch einmal an. Welche Wörter passen zu welchem Foto? Ordnen Sie zu. `LB: A 1a`

> anreichen | Dorf | entspannt | förmlich | Gepäckwagen | Hand geben | hochheben | hochreißen | Hörsaal |
> jubeln | Karton | konzentriert | mitschreiben | schick | traditionelle Kleidung | Schüsseln | Urlaub | Ziellinie

 **A**  **B**  **C**  **D**  **E**  **F**

.... | .... | .... | *anreichen,* | .... | ....

.... | .... | .... | .... | .... | ....

.... | .... | .... | .... | .... | ....

(v) **b** Wählen Sie ein Foto und beschreiben Sie es. Die W-Fragen und die Redemittel helfen Ihnen.

> Wer? | Wie viele? | Wo? | Was?
>
> Auf dem Foto ist / sind / sieht man … | Im Vordergrund / Hintergrund steht / sieht man … |
> In der Mitte … | Links / Rechts auf dem Foto … | Davor / Dahinter / Daneben steht / sitzt /
> sieht man … | Vielleicht / Vermutlich …

Auf dem Foto A sieht man eine Gruppe von Afrikanern. Sie …

....

....

2 Redemittel in E-Mails

(w) **a** Ergänzen Sie das passende Wort aus dem Schüttelkasten. 6 Wörter bleiben übrig. `LB: A 2c`

> als | Bescheid | erst | für | gehört | gelesen | geschrieben |
> Nachricht | noch | Tipps | schon | Sorgen | wenn | wie

1. Mach dir keine *Sorgen* ....!

2. So etwas habe ich auch .... erlebt.

3. Sag mir einfach kurz ....

4. Ich danke dir für deine ....

5. Melde dich doch, ... ich noch etwas für dich tun kann.

6. Schön, dass du mir mal wieder .... hast.

7. Ich kann mir echt gut vorstellen, ... es dir gerade geht.

8. Ich möchte dir deshalb einige .... geben.

v

b   Lesen Sie die E-Mail und korrigieren Sie die 9 weiteren Fehler.

✉ ▣ 📎 → [   ] _ □ ✕

Liebe Analynn,

vielen
~~vielmals~~ Dank für deine Mail! Schön, dass du mir geschrieben hast. Ich kann mir gut vorstellen, als es dir gerade

geht. Du fühlst dich bestimmt nicht wohl, so ganz allein in einem fremden Land. So etwas habe ich auch schon

gesehen. Ich habe ja mal ein dreimonatiges Praktikum im Ausland gehabt, aber zum Glück habe ich damals

Hilfe bekommen. Dadurch war vieles einfacher für mich, als es jetzt für dich ist. Wir hatten einen persönlichen

Ansprachpartner in der Firma, an den wir uns wirklich jederzeit wenden konnten. Das war super. Ich möchte Ihnen

heute ein paar Tipps geben: Frag mal deine Kollegen, was sie unternehmen. Vielleicht musst du mitmachen. Du

kannst auch zu einem Sportverein gehen. Du spielst doch gerne Volleyball. Da gibt bestimmt nette Leute. Es ist

sicher nicht leicht, aber mach dir keine Sorgen! Das braucht Zeit. Hast du Lust, bald mal zu telefonieren? Schreib

mir doch einfach kurz Bescheid. Melde dich, dass ich noch etwas für dich tun kann. LG, Brit

B Willkommen in Deutschland!

1 Satzklammer – Aussagesätze

w

a   Schreiben Sie zu jeder Regel einen passenden Satz aus dem Blogbeitrag im Arbeitsbuch 1B, 1, in die Tabelle.
Markieren Sie dann die Verben. `LB: B2a–b + AB: B1–2`

In Aussagesätzen gilt:
1. Im Perfekt steht das Partizip Perfekt am Satzende, die konjugierte Form von „haben" oder „sein" auf Position 2.

Position 1	Position 2			Satzende
Viele von euch	*haben*	*meinen letzten Blogbeitrag*		*kommentiert …*

2. Bei trennbaren Verben steht die Vorsilbe am Satzende, das konjugierte Verb auf Position 2.

Position 1	Position 2			Satzende

3. Die Modalverben stehen auf Position 2, der Infinitiv steht am Satzende.

Position 1	Position 2			Satzende

4. Im Futur I steht der Infinitiv am Satzende, die konjugierte Form von „werden" auf Position 2.

Position 1	Position 2			Satzende

(W) **b** Susan macht Pläne für einen Ausflug. Formulieren Sie die Sätze und achten Sie auf die Satzklammer. `LB: B 2c`

1. am Samstag – nach Köln – fahren werden

   Ich werde am Samstag nach Köln fahren.

2. zuerst – mir – den Kölner Dom – ansehen

   ....

3. außerdem – ins Museum Ludwig – gehen wollen

   ....

4. bei meinem letzten Ausflug – im Schokoladenmuseum – gewesen sein

   ....

5. heute – durch die Geschäfte in der Innenstadt – bummeln werden

   ....

6. am späten Abend – wieder zu Hause – sein müssen

   ....

(W) **c** Lesen und korrigieren Sie den Blogbeitrag. Achten Sie auf die Position der Verben.

◀ ▶   ▭ ☐ ✕

Ich noch nicht lange in Deutschland bin, aber ich schon gute Freunde gefunden habe. Und meine Freunde geschenkt mir etwas ganz Besonderes zum Geburtstag haben: Morgen wir werden machen einen großen Ausflug. Wir wegbleiben sogar über Nacht. Meine Freunde mir haben nicht gesagt, wohin wir fahren. Es eine Überraschung sein soll. Ich bestimmt nicht gut schlafen kann, weil ich nur eine Frage im Kopf habe: Wo werden wir hinfahren? Morgen wir losfahren ganz früh, und wir im Zug noch mal ein bisschen schlafen wollen. Wenn wir aufwachen, dann der Zug bestimmt schon in den Bahnhof einfährt ...

Ich bin noch nicht lange in Deutschland, aber ich ...

....

....

....

....

....

(V) **d** Schreiben Sie den Blogbeitrag mithilfe der Ausdrücke zu Ende. Bilden Sie Sätze im Perfekt und achten Sie auf die Satzklammer.

zum Schloss Neuschwanstein fahren | zum ersten Mal ein echtes Schloss sehen | sich wie im Märchen fühlen | eine Menge Fotos machen | neue Eindrücke sammeln | abends erschöpft sein | glücklich zurückfahren

◀ ▶   ▭ ☐ ✕

Hallo Leute, stellt euch vor, wir sind zum Schloss Neuschwanstein gefahren. ...

....

....

....

4 **Konnektoren und ihre Bedeutung**

> **„dass" ↔ so … dass / sodass:** Der Nebensatzkonnektor „dass" steht nach Verben wie „sagen", „finden", „denken", „meinen", z. B. Ich denke, dass er recht hat. Mit „so (+ Adj.) … dass" bzw. „sodass" beschreibt man eine Folge oder Konsequenz, z. B. Ich war so krank, dass ich im Bett bleiben musste. / Ich war krank, sodass ich im Bett bleiben musste.

(v) **a** „dass" oder „so … dass / sodass"? Lesen Sie den Tipp und ergänzen Sie dann die passenden Konnektoren. **AB: E3a–c**

✉ ▭ 📎 → ⬚⬚⬚⬚⬚⬚⬚⬚⬚⬚⬚⬚⬚⬚⬚⬚⬚⬚⬚⬚⬚ ▬ ◻ ✕

Liebe Daniela,
sorry, [1] _dass_ ich mich jetzt erst melde! Ich war einfach noch [2a].......... frustriert, [2b].......... ich so etwas Unglaubliches erlebt habe! Ich hatte ja vorgestern meine erste Verabredung mit Kevin. Als ich ins Café gekommen bin, war er schon da. Ich war [3a].......... aufgeregt, [3b].......... ich zuerst gar nichts sagen konnte. Aber dann haben wir uns super unterhalten! Er sagte mir sogar, [4].......... er unser Treffen sehr nett findet. Nach zwei Stunden musste er noch zu einem anderen Termin, [5].......... wir die Rechnung bestellt haben. Ich bin dann kurz zur Toilette gegangen – und weißt du, was passiert ist? Ich kam zurück und er war weg, [6].......... ich die Rechnung alleine zahlen musste! Hast du so was schon mal erlebt? LG, Krista

---

(v) **b** Welcher Konnektor passt? Markieren Sie jeweils den richtigen Konnektor und ergänzen Sie die Kommas. **AB: E3d**

✉ ▭ 📎 → ⬚⬚⬚⬚⬚⬚⬚⬚⬚⬚⬚⬚⬚⬚⬚⬚⬚⬚⬚⬚⬚ ▬ ◻ ✕

Liebe Krista,
ich habe ja schon einiges erlebt, [1] aber / sondern so etwas wirklich noch nicht! Das war ja keine Verabredung, [2] aber / sondern der Kerl hat sich auf deine Kosten satt gegessen. Ehrlich gesagt, verstehe ich das gar nicht. In der Uni war Kevin immer super nett. Das tut mir so leid für dich, [3] denn / weil du dich ja so gefreut hattest. Du könntest zum Trost morgen vorbeikommen, [4] denn / weil ich habe ein paar Freunde zum Kaffee eingeladen. Du bist bestimmt noch deprimiert, [5] aber / sondern ich würde mich total freuen, wenn du kommst! Du könntest auch etwas früher kommen, [6] denn / weil ich dir unbedingt von Tom erzählen muss. LG, Daniela

---

F Endlich an(ge)kommen

1 **Wortfamilien „fremd" – „vertraut"**

(E) **a** Markieren Sie die 12 Begriffe zu den beiden Wortfamilien im Wortgitter. Arbeiten Sie ggf. mit dem Wörterbuch. **LB: F1**

F	P	K	E	V	E	P	Ö	F	R	E	M	D	S	P	R	A	C	H	E
R	T	U	R	E	U	V	E	R	T	R	A	U	E	N	S	V	O	L	L
E	V	P	F	R	E	M	D	E	N	Z	I	M	M	E	R	R	T	U	M
M	O	Ü	R	T	A	H	B	M	X	Z	R	V	E	R	F	J	Ö	W	Q
D	R	F	L	R	C	Ö	D	I	W	Q	C	K	F	R	E	M	D	E
E	T	Q	G	A	P	V	E	R	T	R	A	U	T	H	E	I	T	I	M
L	R	R	D	U	A	C	Z	N	B	E	F	R	E	M	D	L	I	C	H
N	L	U	Y	T	P	J	F	V	E	R	T	R	A	U	E	N	A	A	R
V	E	R	T	R	A	U	E	N	S	V	E	R	H	Ä	L	T	N	I	S
A	K	O	I	V	E	R	T	R	A	U	L	I	C	H	N	S	Z	P	E

(E) **b** Sortieren Sie die Wörter nach der Wortart.

Nomen	Verben	Adjektive
das Fremdenzimmer,		_vertraut,_

13

A Guten Appetit!

1 Rezepte: Einen Christstollen backen

(W) **a** Mengenangaben. Lesen Sie die Liste mit den Zutaten und ergänzen Sie, wo nötig, den Plural. Kreuzen Sie anschließend in den Regeln an. `LB: A1`

Zutaten:

1 Kilo ..... Mehl		½ Kilo ..... Rosine	
450 Gramm ..... Butter		100 Gramm ..... Orangeat	
½ Liter ..... Milch		200 Gramm ..... Mandel	
200 Gramm ..... Zucker		250 Gramm ..... Puderzucker	
2 ½ Päckchen ..... Trockenhefe		2 Ei	

1. Zutaten, die man nicht zählen kann, wie z. B. Mehl, Zucker, etc. haben ☐ einen ☐ keinen Plural.
2. Zählbare Zutaten bekommen ☐ einen Plural ☐ keinen Plural.
3. Die Mengenangaben Gramm / Kilo(gramm) / Liter / Stück werden ☐ in den Plural ☐ nicht in den Plural gesetzt.

(V) **b** Lesen Sie nun die Zubereitung des Christstollens und ergänzen Sie die Verben. `AB: A2a`

backen | erwärmen | formen | geben | gehen lassen | hinzugeben | verkneten | verrühren

Die Rosinen in eine Schüssel [1] *geben* und einweichen. Die Hälfte der Milch [2] ...., die Hefe hineingeben und alles mit einer Gabel [3] ...., etwas Zucker und 3 Esslöffel Mehl [4] .... Das übrige Mehl, den Zucker, eine Prise Salz, das Orangeat, die restliche Milch und die Mandeln mit der Hefemilch zu einem Teig [5] .... Den Teig eine Stunde an einem warmen Ort [6] ...., die Masse zu einem Stollen [7] .... und 60 Minuten bei 220°C auf mittlerer Schiene im Ofen [8] ....

2 Wortschatz: Küchenhelfer

(E) **a** Wie heißen diese praktischen Dinge? Bilden Sie mithilfe der Wörter im Schüttelkasten Komposita und ergänzen Sie den Artikel und die Pluralform. `AB: A2a`

becher | besen | brat | brett | dosen | käse | kartoffel | knacker | mess | nuss | öffner | pfanne | reibe | schäler | schnee | schneide

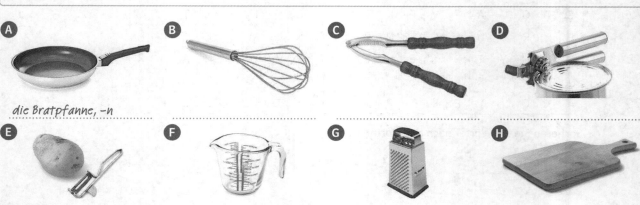

A die Bratpfanne, –n

B ....

C ....

D ....

E ....

F ....

G ....

H ....

b Sie möchten einen Kuchen backen. Welche Küchenhelfer aus 2a brauchen Sie?

1. Sie möchten Mandeln rösten. Sie brauchen _eine Bratpfanne._

2. Sie möchten Nüsse öffnen. Sie brauchen _____.

3. Sie möchten Schokolade in ganz kleine Stücke schneiden. Sie brauchen _____.

4. Sie möchten Puddingpulver mit Milch verrühren. Sie brauchen _____.

5. Sie möchten eine Konserve öffnen. Sie brauchen _____.

6. Sie möchten 125 ml Milch in den Teig geben. Sie brauchen _____.

3 Die Ernährungspyramide – Eine Grafik beschreiben

(W) a Die Prozentangaben sind durcheinander geraten. Korrigieren Sie wie im Beispiel. AB: A 4 ▶

1. weniger als ein Fünftel = ~~26%~~ *18%* ....

2. gut ein Drittel = 31% ....

3. fast ein Drittel = 37% ....

4. knapp die Hälfte = 75% ....

5. mehr als ein Viertel = ~~18%~~ *26%* ....

6. drei Viertel = 43% ....

(V) b Schauen Sie sich die Ernährungspyramide an und ergänzen Sie die Hinweise für eine gesunde Ernährung. Die Angaben in 3a können Ihnen helfen.

Quelle: http://www.freetheweek.com, 2014

Gesunde Ernährung

2 % Fette und Zucker

7 % Fleisch und Fisch

18 % Milchprodukte

26 % Kohlenhydrate (Brot, Reis, Nudeln, Kartoffeln)

43 % Obst und Gemüse

Eine gesunde Ernährung sieht so aus:
[1] *Knapp die Hälfte* des Essens sollte Obst und Gemüse sein, [2] .... sollte aus Brot, Reis, Nudeln oder Kartoffeln bestehen. Hier sollte man Vollkornprodukte bevorzugen. Dagegen sollten Milchprodukte [3] .... der Ernährung ausmachen. Auf dem Speiseplan sollten nur [4] .... % Fleisch und Fisch stehen. Fette und Zucker sollten aber nur einen Anteil von [5] .... % an der Ernährung haben.

(V) c Ergänzen Sie die passenden Informationen aus der Grafik in Aufgabe 3b.

1. Das Schaubild mit dem Titel „ *Gesunde Ernährung* ...." zeigt, ...

2. Die Angaben stammen von der Webseite ....

3. Die Grafik zeigt, dass .... den größten Anteil an der Ernährung haben sollten.

4. Die Informationen sind in einer .... dargestellt worden.

5. Die Daten stammen aus dem Jahr ....

(E) d Noch mehr Grafiken. Ordnen Sie die Begriffe den verschiedenen Diagrammen zu.

~~Balkendiagramm~~ | Liniendiagramm | Tortendiagramm | Säulendiagramm

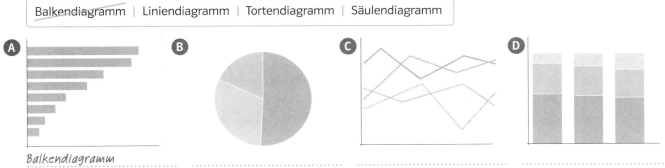

A *Balkendiagramm* ....

B ....

C ....

D ....

B Das sieht ja lecker aus!

1 Wortschatz: Pro- und Contra-Aussagen verstehen

W Sind die Aussagen für Verbote oder dagegen? Schreiben Sie + oder – wie im Beispiel. LB: B 2a + AB: B 2a

1. Ich halte nichts von Verboten. [–]

2. Verbote bringen etwas, da bin ich sicher. [ ]

3. Früher gab es mehr Verbote, da war alles viel besser. [ ]

4. Ich finde, Verbote passen nicht mehr in unsere Zeit. [ ]

5. Das Einhalten von Verboten muss man kontrollieren. Wer soll das denn machen? [ ]

2 Gesünder leben – Imperativformen und ihre Besonderheiten

W a Ergänzen Sie die Imperativformen in der Tabelle und dann die Regeln. LB: B 3a + AB: B 3a

	Indikativ		Imperativ informell		Imperativ formell
Infinitiv	2. Pers. Sg.	2. Pers. Pl.	2. Pers. Sg.	2. Pers. Pl.	Sg. / Pl.
1. fahren	du fährst	ihr fahrt	Fahr!	Fahrt!	Fahren Sie!
2. laufen					
3. tragen					
4. sehen					
5. stoßen					
6. sprechen					
7. empfehlen					

1. Bei unregelmäßigen Verben mit „-a / -o" im Stamm

   a fällt der Umlaut in der 2. Pers. Sg. im Imperativ weg.

   b bleibt der Umlaut im Imperativ erhalten.

2. Bei Verben mit „-e" im Stamm

   a bleibt „-i / -ie" im Imperativ der 2. Pers. Pl.

   b bleibt das „e" wie im Präsens in der 2. Pers. Pl.

W b Sie möchten mehr für Ihre Gesundheit tun. Ihre beste Freundin gibt Ihnen Ratschläge.

1. Fahr öfter mit dem Rad zur Arbeit!

2. .... weniger fern und beweg dich mehr!

3. .... dir Zeit für einen kurzen Mittagsschlaf!

4. .... weniger Kuchen oder andere süße Sachen!

5. .... dir täglich 30 Minuten Auszeit in deinen Kalender ein!

6. .... mit deinem Arzt und frag ihn nach weiteren Tipps!

3 Konsumverhalten – Wortstellung in Imperativsätzen

V a Formulieren Sie Anweisungen und schreiben Sie sie in die Tabelle auf der nächsten Seite. Lesen Sie die Regeln und notieren Sie je einen Beispielsatz. AB: B 3b

1. du – Einkaufsliste – immer – mitnehmen

2. ihr – gesund – sich ernähren

3. ihr – Werbeprospekte – doch – lesen

4. Sie – regionale Lebensmittel – einkaufen

5. Sie – über neue Produkte – sich informieren

6. du – mal – sie – probieren

Position 1				
1. *Nimm*			*immer eine Einkaufsliste*	*mit!*
2.				
3.				
4.				
5.				
6.				

In Imperativsätzen mit
1. trennbaren Verben: Die Vorsilbe steht am Satzende. Sätze: *1,* ......
2. Modalpartikeln: Sie stehen in der Regel nach dem Imperativ. Satz: ......
3. Pronomen: Die Modalpartikeln stehen meist hinter den Pronomen. Satz: ......
4. reflexiven Verben: In der 2. Pers. Sg. / Pl. steht das Reflexivpronomen hinter dem Imperativ. Satz: ......
5. reflexiven Verben: In der 3. Pers. Sg. / Pl. steht das Reflexivpronomen hinter dem Personalpronomen „Sie". Satz: ......

(v) b **Formulieren Sie die Einkauftipps im Imperativ. Achten Sie auf die Wortstellung.**

1. du: sich gesund ernähren → *Ernähre dich gesund!* ....

2. ihr: doch mal einkaufen bewusst → ....

3. Sie: saisonales Obst oder Gemüse zubereiten → ....

4. Sie: es doch frisch auf dem Markt kaufen → ....

5. Sie: sich über Sonderangebote informieren → ....

6. ihr: sich Vorräte anlegen → ....

C Tipps für den Gast

❶ Wortschatz: Gastgeschenke

(v) **Ergänzen Sie den Kommentar mit den Wörtern aus dem Schüttelkasten.** `LB: C1b`

| Anlass | Aufmerksamkeiten | beachten | beliebt | Eindruck | gilt | ratsam | üblich | unterschiedlich |

Wenn man in Deutschland jemanden zu Hause besucht, ist es [1] *üblich* ...., ein kleines Gastgeschenk

mitzubringen, um dem Gastgeber für die Einladung zu danken. Das gehört einfach dazu, wenn man einen guten

[2] .... machen möchte. Was man schenkt, ist [3] .... Das hängt vom [4] ....

ab. Bei einer Einladung zu einem Abendessen gibt man vielleicht etwas mehr Geld für das Geschenk aus als bei der

Einladung zu einer lockeren Party. Trotzdem sollte man [5] ...., dass das Geschenk nicht zu teuer sein

darf, denn das [6] .... als peinlich oder sogar unhöflich. Besser geeignet sind eher kleine

[7] .... wie Pralinen oder eine Flasche Wein. Auch Blumen sind [8] ...., bei jungen Leuten

heute allerdings seltener als früher. Generell gilt: Je enger man mit den Gastgebern befreundet ist, desto persönlicher

kann das Geschenk sein. Gute Freunde oder Verwandte freuen sich zum Beispiel auch über selbst gebackene

Weihnachtsplätzchen. Besucht man entfernte Bekannte, ist es jedoch nicht [9] ...., selbst gemachtes

Essen mitzubringen.

D Die Wegwerfgesellschaft

1 Bloß kein Müll – Wünsche und Bitten

a Ergänzen Sie die Formen von „haben", „sein" und „werden" im Konjunktiv II. **LB: D2a**

	haben	sein	werden
ich	*hätte*	*wäre*	*würde*
du			
er / sie / es			
wir			
ihr			
sie / Sie			

> Den Konjunktiv II von „werden / haben / sein + gern" verwendet man, um einen Wunsch auszudrücken. Das Wort „gern" macht den Wunsch weniger stark als nur „möcht-" oder „wollen". Der Komparativ von „gern" ist „lieber": Ich würde / hätte lieber…

b Im Schnellrestaurant. Lesen Sie das Gespräch und ergänzen Sie die Konjunktiv-II-Formen aus 1a.

Tom: Annika, was [1] *würdest* du gern bestellen?

Annika: Ich [2] .... gern eine Cola. Oder, nein, ein Wasser [3] .... mir lieber.

Tom: Ich nehme auch ein Wasser und eine Currywurst, einen Burger, dazu ein paar Pommes. Und was [4] .... du gern essen? [5] .... du gern das Hähnchen-Menü?

Annika: Ähm, also … ich weiß nicht. Ich [6] .... gern etwas, wofür man weniger Verpackung braucht.

Tom: Also, wenn du mich fragst, dann [7] .... ich auch lieber weniger Müll produzieren. Aber wir sind hier in einem Schnellimbiss. Da ist das immer so!

Annika: Mensch, denk doch mal an die Umwelt! Eigentlich [8] .... ich auch lieber in ein richtiges Restaurant gehen. Ich [9] .... jetzt sowieso lieber Spaghetti. [10] .... das o.k. für dich, wenn wir jetzt gehen?

Tom: Aber wir sind jetzt dran …

Annika: Entschuldigung, wir haben uns anders entschieden. Wir gehen.

c Im Restaurant. Formulieren Sie höfliche Bitten mit folgenden Ausdrücken. Es gibt mehrere Lösungen. **LB: D3a**

> Ich hätte gern … | Würden Sie … bitte … | Wären Sie so freundlich … zu + Inf.

1. Das Essen ist kalt. Bringen Sie mir eine neue Portion.

   Wären Sie so freundlich, mir eine neue Portion zu bringen? / Würden Sie mir bitte eine neue Portion bringen?

2. Die Musik ist zu laut. Stellen Sie bitte die Musik leiser!

   ....

3. Die Suppe braucht mehr Würze. Bringen Sie mir bitte Salz und Pfeffer.

   ....

4. Mir schmeckt kein Reis zum Lachs. Kann ich Pasta statt Reis bekommen?

   ....

5. Ich möchte noch ein Dessert. Kann ich noch einmal die Karte haben?

   ....

6. Ich möchte zahlen. Können Sie mir die Rechnung bringen?

   ....

2 Mit anderen teilen – Konjunktiv II von unregelmäßigen und gemischten Verben

a Notieren Sie die fehlenden Verbformen und markieren Sie die Besonderheiten. `AB: D2b`

Infinitiv	Präteritum	Konjunktiv II
1. geben	*ich gab*	*ich gäbe*
2.	du ließest	du
3. wissen	er	er
4. heißen	sie hieß	sie
5. gehen	es	es
6.	wir bekamen	wir
7. finden	ihr	ihr
8.	sie nahmen	sie

b Lesen Sie Annikas Kommentar zum Artikel über die Wegwerfgesellschaft und ergänzen Sie die passenden Verbformen.

Hey Leute, neulich war ich mal wieder in einem Fast-Food-Restaurant. Ich sah die vielen Essensreste und dachte über die Wegwerfmentalität der heutigen Zeit nach … Da kam mir der Gedanke: Wie [1] *wäre* es, wenn man ärmeren Menschen Lebensmitteln spenden [2]_____, statt sie zu verschwenden? Ich [3]_____ gern jemandem helfen, z. B. der Frau in meiner Nachbarschaft, die am Monatsende kaum noch genug Geld für Lebensmittel hat. Es [4]_____ mir jedoch unangenehm, sie direkt anzusprechen. [5]_____ es eine Möglichkeit, ihr zu helfen? Ja, meinte mein Freund und erzählte mir vom Love-Sharing-Konzept. Die Idee, Lebensmittel anonym mit Ärmeren zu teilen, stammt ursprünglich aus Neapel und hat sich auch schon an anderen Orten gut etabliert. Ihr [6]_____ gern mehr darüber? Also, das funktioniert über Cafés, Bars, etc. Man bezahlt in einem der teilnehmenden Geschäfte einen Kaffee, ein Sandwich oder auch eine warme Mahlzeit im Voraus und spendet sie so. Wenn dann jemand, der sich das sonst nicht leisten kann, nachfragt, bekommt er das Essen kostenlos. Das [7]_____ sich doch auch hier bei uns machen, oder? Wie [8]_____ ihr das? [9]_____ ihr auch Interesse mitzumachen? Oder [10]_____ ihr noch andere Vorschläge? Ich würde mich echt freuen, wenn ich von euch viele Rückmeldungen [11]_____!

c Annika und Tom haben viele Wünsche. Bilden Sie Sätze im Konjunktiv II.

1. Wir möchten, dass alle Menschen genug zu essen haben. → *Hätten doch alle Menschen genug zu essen!*

2. Wir möchten, dass es weniger Umweltverschmutzung gibt. → _____

3. Wir möchten, dass alle Menschen in Frieden leben. → _____

4. Wir möchten einen Studienplatz bekommen. → _____

5. Wir möchten mehr Zeit für Familie und Freunde finden. → _____

3 Ratschläge und Empfehlungen – Konjunktiv II der Modalverben

a „können" oder „sollen"? Lesen Sie den Tipp und schreiben Sie Ratschläge oder Empfehlungen in Ihr Heft. `AB: D2c-e`

1. Achten Sie darauf, immer Vorräte an Grundnahrungsmitteln im Haus zu haben.
2. Kocht doch die doppelte Menge einer Mahlzeit und friert etwas für später ein.
3. Verwerte Reste und zaubere daraus leckere Gerichte.
4. Probieren Sie auch einmal Getreidesorten wie Couscous mit einer kurzen Garzeit.
5. Achten Sie auf eine fettarme Zubereitung der Speisen.

- Ratschläge (informell)
  → „können" im Konj. II
- Empfehlungen (formell)
  → „sollen" im Konj. II

1. Sie sollten immer Vorräte an Grundnahrungsmitteln im Haus haben.

b Lesen Sie die E-Mail. Ergänzen Sie die passenden Verbformen im Konjunktiv II. `AB: D2g`

Hi Nils,

in deiner letzten E-Mail hast du mir geschrieben, dass du vor deinem Urlaub viele übrig gebliebene Lebensmittel wegwerfen musstest. Ich [1] _hätte_ (haben) da für das nächste Mal eine Idee. Du [2a]_____ doch mal Foodsharing [2b]_____ (ausprobieren können). Kennst du das? Auf einer Internetseite kann man Lebensmittel, die man nicht mehr braucht, kostenlos anbieten. Das [3]_____ (sein) doch bestimmt interessant für dich, oder? Du [4]_____ (haben) die Möglichkeit, anderen Menschen zu helfen, und [5a]_____ keine Lebensmittel [5b]_____ (verschwenden müssen). Foodsharing bietet nämlich auch noch andere Möglichkeiten. Wenn du zum Beispiel einen Kuchen backen möchtest und dir einige Zutaten fehlen, [6a]_____ du sie von anderen [6b]_____ (bekommen können). Man kann sich sogar mit anderen Menschen zum Kochen oder Backen treffen. Bitte schreib mir doch bald, denn ich [7]_____ (wissen) gern, was du von meinem Vorschlag hältst. LG, Tom

c Formulieren Sie nun die Ratschläge und Empfehlungen aus 3a mit „zu" + Infinitiv.

1. Wir empfehlen Ihnen, _immer Vorräte an Grundnahrungsmitteln im Haus zu haben._____

2. Wir raten euch, _____

3. Ich würde dir vorschlagen, _____

4. Der Ernährungsberater empfiehlt Ihnen, _____

5. Eine weitere Empfehlung ist, _____

E Berufe rund ums Essen

1 Eine Anzeige schreiben

a Lesen Sie die Tipps zum Anzeigenschreiben und vergleichen Sie sie mit den Anzeigen im Lehrbuch 2 E, 3 a. Welche Tipps sollte man befolgen? Kreuzen Sie an. `LB: E3a`

In Anzeigen …

1. formuliert man selten ganze Sätze. ☐

2. gibt man immer die Handynummer an. ☐

3. gebraucht man Abkürzungen. ☐

4. beschreibt man alle Details. ☐

5. schreibt man seine Adresse. ☐

6. nennt man seine Kontaktdaten. ☐

b Streichen Sie in der Beschreibung alles, was nicht für die Anzeige nötig ist. Schreiben Sie mithilfe der Tipps in 1a eine Anzeige für Tamer.

Tamer, 24, möchte sein Deutsch verbessern und sucht daher einen Tandempartner / eine Tandempartnerin für ein Tandem Arabisch / Deutsch, einmal pro Woche. Treffpunkt soll das Café Schönhaus sein. Tamer spricht bereits gut Deutsch auf dem Niveau B1. Seine E-Mailadresse lautet: tamernader@gmel.fr

Suche Partner/in für Tandem Arabisch/Deutsch
....
....
....
....

3 Zeitformen der Vergangenheit verwenden

(w) Lesen Sie zuerst die Regeln im Lehrbuch 3 B, 3, und dann den Artikel. Schreiben Sie dazu eine E-Mail und verwenden Sie, wo nötig, die Verben im Perfekt. LB: B3

Kunst in der Mülltonne

Eine Reinigungskraft warf am Samstagabend in einem Kölner Museum ein Kunstwerk in den Müll. Die Skulptur aus Pappe und Aluminium war etwa 25 Zentimeter hoch und stand neben dem Eingang zum großen Ausstellungsraum. Die Reinigungskraft hielt die Skulptur für eine leere Fast-Food-Verpackung. Die Museumsdirektion bedauerte das Versehen. Die Reinigungskraft war für die Presse gestern Nachmittag nicht erreichbar. Der Künstler selbst nahm es mit Humor.

| ◀ ▶ | _____ | _ ☐ × |

Hallo Pjotr,
stell dir vor, was ich heute in der Zeitung gelesen habe:
Eine Reinigungskraft hat am Samstagabend …

....

....

....

....

4 Zeitenfolge: Vorzeitigkeit – Nachzeitigkeit – Gleichzeitigkeit

(w) a Vorzeitigkeit. Lesen Sie zuerst den Tipp und ergänzen Sie die Satzteile im Plusquamperfekt. AB: B4

1. Ich habe Köln zum ersten Mal besucht, (nachdem – ich – schon viel – über die Stadt – hören)
   Ich habe Köln zum ersten Mal besucht, nachdem ich
   schon viel über die Stadt gehört hatte.

Vorzeitigkeit

Zur Beschreibung von Ereignissen, die noch vor anderen Geschehnissen in der Vergangenheit stattfanden (Vorzeitigkeit), verwendet man das Plusquamperfekt. Es steht in Nebensätzen mit „als" oder „nachdem". Im Hauptsatz steht dann das Präteritum oder Perfekt.

2. Ich ging zuerst in den Dom, (nachdem – ich – am Hauptbahnhof einen Reiseführer – kaufen)

   ....

3. Ich kehrte in eine typische Kölner Kneipe ein, (nachdem – ich – das Schokoladenmuseum – besuchen)

   ....

4. Ich machte einen langen Stadtbummel, (nachdem – ich – einen Sauerbraten – probieren)

   ....

5. Am späten Abend fuhr ich wieder nach Hause, (nachdem – ich – noch ein Foto vom beleuchteten Dom – machen)

   ....

(v) b Nachzeitigkeit. Lesen Sie den Tipp und formulieren Sie die Sätze in 4 a wie im Beispiel. AB: B5a–c

1. *Bevor ich Köln zum ersten Mal besucht habe,*
   habe ich schon viel über die Stadt gehört.

Nachzeitigkeit

Im Nebensatz mit „bevor" steht eine Handlung oder ein Zustand, die / der nach einer Handlung oder einem Zustand im Hauptsatz liegt (Nachzeitigkeit). Die Zeitformen in Hauptsatz und Nebensatz sind gleich.

2. ....

   ....

3. ....

   ....

4. ....

   ....

5. ....

   ....

c Gleichzeitigkeit. Lesen Sie den Tipp. Verbinden Sie die Sätze dann mit „während" und schreiben Sie sie wie im Beispiel in Ihr Heft. `AB: B 5d`

> **Gleichzeitigkeit**
>
> Im Nebensatz mit „während" findet eine Handlung / ein Zustand gleichzeitig mit der Handlung / dem Zustand im Hauptsatz statt. (Gleichzeitigkeit). Die Zeitformen in Hauptsatz und Nebensatz sind gleich.

1. die Kunstausstellung besuchen – einen Freund anrufen (Präteritum)
2. mit der S-Bahn zum Schokoladenmuseum fahren – großen Hunger bekommen (Präsens)
3. viel Schokolade probieren – Zahnschmerzen bekommen (Perfekt)
4. den Kölner Dom anschauen – die Schmerzen vergessen (Präteritum)
5. im Zug nach Hause sitzen – einen Zahnarzttermin machen (Präsens)

1. Während ich die Kunstausstellung besuchte, rief ich einen Freund an.

d Was passt: Nebensatzkonnektor, Präposition oder Verbindungadverb? Ergänzen Sie die Sätze. `AB: B 6d`

> danach | nach | ~~vorher~~ | vor | während | währenddessen

1. Wir sind gestern um 20.00 Uhr ins Kino gegangen, *vorher* ...., so gegen 18.00 Uhr, waren wir noch essen.
2. .... wir im Restaurant saßen, hat das Telefon meiner Freundin geklingelt.
3. .... dem Essen sind wir zum Kino gelaufen. .... klingelte wieder ihr Handy.
4. Als wir am Kino waren, gab es keine Tickets, obwohl ich welche .... dem Abendessen reserviert hatte.
5. Wir haben kurz überlegt, ... sind wir nach Hause gegangen und haben eine DVD geschaut.

C Pünktlich auf die Minute

❶ Pünktlichkeit – Wortschatz erklären und verstehen

a Welche Redewendung passt zu welcher Erklärung? Ordnen Sie zu. `LB: C1a`

1. Besser spät als nie.	A. Jemand kommt auf die Minute genau.
2. Pünktlich wie die Maurer.	B. Man hört immer gern etwas Positives.
3. Wer großen Wert auf Pünktlichkeit legt, muss Sinn für das Alleinsein haben.	C. Jemand ist kurz vor der verabredeten Zeit da. Dafür sind die Deutschen besonders bekannt.
4. Gute Nachrichten können nie zu spät kommen.	D. Nur für wenige Menschen ist Pünktlichkeit sehr wichtig.
5. Fünf Minuten vor der Zeit ist der Deutschen Pünktlichkeit.	E. Es ist wichtig, dass man etwas überhaupt macht. Der Zeitpunkt ist nicht entscheidend.

1. [E]
2. [ ]
3. [ ]
4. [ ]
5. [ ]

b Welche Verben aus der Kolumne im Lehrbuch 3C, 2a, passen zu den Erklärungen? Notieren Sie sie im Infinitiv und geben Sie die Zeile an. `LB: C2a`

1. jemanden / etwas sehr lange ansehen, ohne die Augen zu bewegen: *starren (Zeile 7)*
2. etwas ist fest gesichert / verbunden (auch im übertragenen Sinn): *verankert sein (Zeile 13)*
3. sich an etwas halten: ....
4. hier: etwas bemerken, etwas zur Kenntnis nehmen: ....
5. hier: kommen, auftauchen: ....
6. etwas beenden / abschließen: ....

Schreiben Sie die Erklärungen aus 1b mithilfe der Redemittel in Ihr Heft. `LB: C2c ▸`

> Das Wort ... bedeutet (hier) ... | Der Ausdruck ... heißt ... | Unter ... versteht man, dass ... | Mit dem Begriff ...
> meint man ... | Das Wort ... drückt aus, dass ...

1. Das Wort „starren" bedeutet, dass man jemanden lange ansieht, ohne die Augen zu bewegen.

D Keine Zeit

① Wortschatz: Zeit

Ⓥ Wortschatz „Zeit". Was kann man sagen? Schlagen Sie in einem Wörterbuch nach und kreuzen Sie an. `LB: D1a ▸`

1. jdm. Zeit ☐ abgeben ☐ anhängen ☐ leihen ☐ rauben ☐ schenken ☐ stehlen
2. die Zeit ☐ geht weg ☐ rennt ☐ schläft ☐ steht still ☐ tobt ☐ vergeht

② Zu schnell vorbei – „so"/„zu" + Adjektiv

Ⓔ a Lesen Sie den Tipp und ergänzen sie „so" oder „zu". `LB: D1b ▸`

> 1. Mit „................." kann man ausdrücken, dass etwas über eine Grenze geht, z.B. etwas kostet mehr, als ich bezahlen kann:
>   Es ist .... teuer! Ich fahre schneller als erlaubt: Ich fahre .... schnell!
> 2. Mit „................." kann man die Bedeutung des Adjektivs zu verstärken, z.B. etwas war besonders lecker:
>   Es war .... lecker! Etwas ist sehr interessant: Das ist .... interessant!

Ⓔ b Was passt: „so" oder „zu"? Markieren Sie die richtige Lösung wie im Beispiel.

1. Das finde ich nicht <u>so</u>/zu interessant.
2. Meine Freundin ist gestern viel <u>so</u>/zu spät zur Verabredung gekommen.
3. Hast du gestern auch das Fußballspiel gesehen? Das war ja <u>so</u>/zu spannend!
4. Also, diese Jeans bekommt man sonst günstiger, da hast du wirklich <u>so</u>/zu viel bezahlt!
5. Mein Urlaub war traumhaft, ich habe mich <u>so</u>/zu gut erholt!

③ Sich mehr Zeit nehmen – Nomen-Verb-Verbindungen

Ⓦ a Markieren Sie die 18 Verben in der Wortschlange und ordnen Sie sie den Ausdrücken unten zu. Der Artikel im Lehrbuch 3 D, 2 b, kann Ihnen helfen. `LB: D2b ▸`

> erledigenpazsparennuabsprechenjkennenrapackenldmachenoivermeidensentdeckenünehmenkj
> ghetzenefherauskommenputverringernwhändernceintragenzmumsetzenöverplanenalassenhgeraten

1. Dinge *erledigen*	7. das Tempo	13. von Termin zu Termin ....
2. Zeit	8. Pause	14. den Tag ....
3. Termine	9. seine Grenzen	15. ein Zeitfenster ....
4. Aufgaben in den Alltag	10. den eigenen Rhythmus	16. in Zeitnot ....
5. aus der Spirale	11. eine Forderung	17. etwas in den Kalender ....
6. die Einstellung	12. Stress	18. Bedürfnisse ernst ....

Ⓥ b Schreiben Sie jeweils einen Beispielsatz mit den Ausdrücken aus 3a in Ihr Heft.

1. Ich habe schon viele Dinge erledigt.

E Zeitreisen

1 Köln in 100 Jahren – „werden" und seine Verwendung

V **a** Lesen Sie den Kommentar und markieren Sie die Verben. `LB: E2a + AB: E2c`

> Wie **wird** Köln in 100 Jahren **aussehen**? Wird das Wahrzeichen der Stadt, der Dom, noch stehen? Nun, den Dom wird es dann wohl noch geben. Er wird ja derzeit saniert, die kaputten Steine werden auch ersetzt. Das wird sicher sehr teuer. Bei so guter Pflege wird man ihn auch noch in 100 Jahren besichtigen können. In einigen Jahren wird der Dom übrigens 150 Jahre alt. Genauer gesagt wird seine Fertigstellung (vom Jahre 1880!) gefeiert – mit dem Bau begonnen wurde ja schon viel früher. Dann wird es bestimmt ein großes Fest geben.

V **b** Wie kann man „werden" verwenden? Sammeln Sie die Verben aus 1a und notieren Sie, ob „werden" als Vollverb, Passiv oder Futur verwendet wird.

wird ... aussehen (Futur I);

2 Das Präsens verwenden

W Wie wird das Präsens verwendet: für Vergangenheit (V), Gegenwart (G) oder Zukunft (Z)? Kreuzen Sie an. `LB: E4`

1. Wahrscheinlich fahren wir morgen für ein paar Tage weg. — V G Z
2. 1961 wird in Berlin die Mauer gebaut, die die Stadt bis 1989 teilt. — V G Z
3. Mein Nachbar eröffnet bald ein Restaurant. — V G Z
4. Schon zur Zeit des Stummfilms ist Science Fiction ein beliebtes Genre. — V G Z
5. Meine Nachbarin interessiert sich gerade sehr für Jazz. — V G Z

3 Richtig schreiben: Fremdwörter

E **a** Lesen Sie die Regeln und markieren Sie die unterschiedliche Schreibweise in den Beispielen.

Bei Fremdwörtern, die mit „c" beginnen oder ein „c" enthalten, sind oft zwei Schreibweisen richtig:

„c / k"	„c / z"	„c / z" und „c / k"
Cousine – Kusine	Centrum – Zentrum	circa – zirka

Auch bei Fremdwörtern mit den folgenden Silben sind zwei Schreibweisen richtig:

Silbe	Beispiel	Silbe	Beispiel
-tiell / -ziell	potentiell – potenziell	-phot- / -fot-	photogen – fotogen
-tial / -zial	Potential – Potenzial	-phon- / -fon-	Mikrophon – Mikrofon
-graph- / -graf-	Biographie – Biografie		

E **b** Ergänzen Sie die alternative Schreibweise.

1. Telephon – *Telefon*
2. Citrusfrucht – ....
3. Cabrio – ....
4. substantiell – ....
5. Centrum – ....
6. Photograph – ....
7. Casino – ....
8. Graphik – ....

> Im Alltag gebraucht man meist die jeweils zweite, „eingedeutschte" Schreibweise. Bei Fachbegriffen verwendet man aber in der Regel die erste, urspüngliche Schreibweise, z. B. Differential (Mathematik) oder Phonetik (Linguistik).

F Schöne Zeiten

1 Einen Erfahrungsbericht schreiben

a Ergänzen Sie den Bericht mit den passenden Wörtern aus dem Schüttelkasten. `LB: F3`

> a. die Chance | b. besuche | c. die Landschaft | d. Zuerst | e. Gemeinsam | f. Mein Name | g. aufgewachsen | h. verging | i. sehr gut | j. meine Familie | k. letzten | l. Praktika | m. aufgeregt | n. unvergessliche | o. organisiert

1. [1] *f* ist Thomas Quast. Ich bin 21 Jahre alt und ich bin in Duisburg [2] . Ich habe im [3] Sommer ein vierwöchiges Praktikum in Busan (Südkorea) gemacht – und es war bis jetzt die schönste Zeit meines Lebens.

   Einführung: Vorstellung / Thema

2. Ich studiere Deutsch als Fremdsprache. Während meines Studiums muss ich auch [4] machen. In diesem Jahr hatte ich [5] , ein Praktikum am Sprachenzentrum der Uni Busan / Südkorea zu absolvieren. Ich war natürlich total [6] , als ich erfahren habe, dass es klappt. Noch nie bin ich alleine so weit gereist! Ich musste auch zweimal umsteigen und der Flug war wirklich anstrengend. In Korea hat mich eine Studentin am Flughafen abgeholt. Sie arbeitet an der Uni und [7] die Deutschkurse. [8] sind wir dann mit dem Bus zur Uni gefahren. Dort ist auch das Wohnheim, in dem ich dann einen Monat untergebracht war. [9] habe ich mich sehr allein gefühlt, weil ich ja gar kein Koreanisch kann und nichts lesen konnte – kein Straßenschild, kein Plakat in einem Schaufenster, wirklich nichts.

3. Dieses Gefühl ist aber schnell verflogen, denn die Studenten und auch die Mitarbeiter an der Uni haben sich [10] um uns gekümmert. Das Arbeiten mit den koreanischen Studenten hat sehr viel Spaß gemacht. Ich habe interessante Lernkonzepte kennengelernt und durfte auch selbst unterrichten.

4. Außer mir waren noch fünf andere Praktikanten aus Europa nach Südkorea gekommen und wir haben uns sofort super verstanden. Wir haben auch viel gemeinsam unternommen – [11] dort ist wirklich traumhaft! Es wurden sogar extra für uns mehrere Tagesausflüge organisiert, damit wir die Gegend kennenlernen. Ich habe [12] Sonnenaufgänge über dem Meer gesehen und wahnsinnig viel über die Kultur gelernt.

5. Die Zeit [13] sehr schnell, aber nach vier Wochen habe ich mich auch wieder darauf gefreut, meine Freunde in Deutschland und [14] zu sehen. Ich habe aber auch in Busan neue Freunde gefunden und vielleicht [15] ich sie bald mal wieder!

b Wie ist der Erfahrungsbericht in 1a aufgebaut? Ordnen Sie die Stichworte im Schüttelkasten den einzelnen Abschnitten zu und notieren Sie wie im Beispiel.

> erste Eindrücke / neue Erfahrungen | Fazit | (besondere) Erlebnisse | Einführung: Vorstellung / Thema | Die erste Zeit (gemischte Gefühle)

c Vergessen Sie den Titel nicht! Welcher Titel passt am besten zu dem Bericht?

1. Deutsch lernen und unterrichten in der Ferne ☐

2. Ein Praktikum in traumhafter Umgebung ☐

3. Unbekannte Kulturen entdecken ☐

4

A Einer für alle ...

1 Zusammen sind wir stark – Redewendungen

(W) Lesen Sie die Redewendungen im Schüttelkasten und ordnen Sie sie dann den Situationen zu. `LB: A1b`

A. wie Pech und Schwefel zusammenhalten | B. mit jemandem gemeinsame Sache machen | C. an demselben Strick ziehen | D. mit jemandem Pferde stehlen können | E. mit jemandem durch dick und dünn gehen | F. Einer für alle – alle für einen

---

Situationen	Redewendung
1. Meine Mutter ist wie eine Freundin, mit der ich oft viel Spaß habe. Wir gehen zusammen ins Kino oder ins Einkaufszentrum. Aber auch wenn ich Probleme habe, ist sie immer für mich da. Sie hört mir zu und versucht, mir zu helfen.	E
2. Lotta und Lilly kennen sich seit ihrer Kindheit und sind beste Freundinnen. Sie verbringen fast jedes Wochenende zusammen und telefonieren jeden Tag nach der Uni. Sie sind einfach unzertrennlich.	
3. Paul soll morgen in der Schule ein Referat halten. Weil er bis jetzt keine Ideen hatte, schreibt er seinen Freunden eine SMS: „Leider kann ich nicht mit euch Fußball spielen. Ich arbeite noch an meinem Vortrag." Kurze Zeit später antworten die Freunde: „Keine Sorge, Paul, wir kommen gleich und helfen dir. Schließlich hast du uns bei den Matheaufgaben geholfen."	
4. Als ich in mein Hotelzimmer zurückkehrte, bemerkte ich, dass mein Laptop und mein Geld verschwunden waren. Sofort ging ich zur Rezeption, um den Diebstahl zu melden. Da sah ich, wie der Rezeptionist und ein anderer Mann sich das Geld aus meinem Portemonnaie teilten.	
5. In einer Familie sind die Eltern nicht immer einer Meinung, wenn es um Erziehungsfragen geht. Bei Papa darf das Kind länger fernsehen, bei Mama braucht es die Schultasche nicht selbst zu tragen. Trotzdem sollten sich die Eltern in den wichtigsten Punkten einig sein und zusammenhalten. Sie müssen also ein gutes Team sein.	
6. Mein Freund ist der Beste! Mit ihm ist es nie langweilig. Man kann mit ihm alles Mögliche unternehmen. Manchmal hat er die verrücktesten Ideen.	

2 Ein Schulprojekt – Finalsätze mit „um ... zu"

(V) Bilden Sie Sätze mit „um ... zu". Achten Sie darauf, ob die Verben trennbar oder nicht trennbar sind. `LB: A2a + AB: A2`

1. die Schulklassen viel Zeit brauchen / das Projekt „Schöner Schulhof" vorbereiten

   Die Schulklassen brauchen viel Zeit, um das Projekt „Schöner Schulhof" vorzubereiten.

2. Vertreter aus allen Klassen eine Arbeitsgruppe bilden / das gemeinsame Projekt planen

   ....

3. Schüler und Lehrer sich oft treffen / gute Vorschläge sammeln

   ....

4. die Schulleiterin Gärtnerei anrufen / sich über die Verschönerung des Schulhofs informieren

   ....

5. die Gärtnereimitarbeiter kommen / mit der Arbeit anfangen

   ....

6. später die Schüler Fotos machen / den neu gestalteten Schulhof im Internet vorstellen

   ....

B Ehrensache!

1 Wortschatz: Das Ehrenamt

(W) a Lesen Sie den Bericht im Lehrbuch 4 B, 3, noch einmal. Welches Wort passt nicht: a, b oder c? Kreuzen Sie an. `LB: B 3`

		a		b		c
1.	In vielen Bereichen	fehlt es an Geld.		gibt es Geld.		mangelt es an Geld.
2.	Das Engagement ist	ehrenamtlich.		freiwillig.		kostenlos.
3.	Menschen werden ehrenamtlich	gesucht.		betreut.		unterstützt.
4.	Ehrenamtliche Hilfe sollte	eine lange Zeit gehen.		langfristig sein.		langweilig sein.
5.	Ehrenamtliche können sich	motivieren.		weiterentwickeln.		verwirklichen.
6.	Ein Ehrenamt ist für die Karriere	ein Pluspunkt.		nachteilig.		positiv.

(W) b Ergänzen Sie die fehlenden Verben und Nomen.

1. das Engagement: *sich engagieren*
2. die Unterstützung: ....
3. die Existenz: ....
4. die Anerkennung: ....
5. der Bewerber: ....
6. die Bestätigung: ....

7. entwickeln: *die Entwicklung*
8. helfen: ....
9. bezahlen: ....
10. tun: ....
11. werben: ....
12. sprechen: ....

C Ein Projekt – viele Helfer

1 „Mögen" oder „möcht-"? – Unterschiede in der Bedeutung

(V) Lesen Sie den Tipp und notieren Sie in der mittleren Spalte, ob im Satz ein Wunsch (W) oder Liebe / Vorliebe (L) formuliert wird. Ergänzen Sie dann die Formen von „mögen" oder „möcht-" in der rechten Spalte der Tabelle. `AB: C 3 a–b`

> Das Verb „mögen" hat die Bedeutung „etw. / jdn. gern haben" und steht in der Regel mit einem Nomen zusammen, z. B. Ich mag Musik. „Möcht-" bedeutet „einen Wunsch haben", z. B. Ich möchte Deutsch lernen. In dieser Form wird „mögen" in der Regel mit einem Infinitiv benutzt. In der Umgangssprache gebraucht man „möcht-" auch als Vollverb ohne den Infinitiv eines anderen Verbs, z. B. Ich möchte ein Eis (haben).

1. Willst du einen Apfel?	W	*Möchtest* du einen Apfel haben?
2. Ich trinke nicht gern Kaffee.		Ich .... keinen Kaffee.
3. Lina will, dass ihr Sohn für den Test lernt.		Lina ...., dass ihr Sohn für den Test lernt.
4. Der Onkel hat seinen Neffen sehr gern.		Der Onkel .... seinen Neffen sehr.
5. Ich esse lieber Obst als Gemüse.		Ich .... Obst lieber als Gemüse.
6. Würdest du gern mitkommen?		.... du mitkommen?
7. Das Bild von Picasso gefällt ihr nicht.		Sie .... das Bild von Picasso nicht.
8. Was hättet ihr gern zum Frühstück?		Was .... ihr zum Frühstück?
9. Es ist der große Wunsch meiner Großmutter, nach Afrika zu reisen.		Meine Großmutter .... sehr gern nach Afrika reisen.

2 Geld oder Leben? – Das Präteritum von „mögen" und „möcht-"

(W) Lesen Sie Peter Zimmers Bericht und ergänzen Sie die passenden Formen von „mögen" oder „möcht-" im Präteritum. Der Tipp im Arbeitsbuch 4 C, 3 b, kann Ihnen helfen. `AB: C 3 a – b`

„Ich [1] _wollte_ schon immer Journalist werden. Zuerst musste ich auf einen Studienplatz warten und andere

Tätigkeiten ausüben, aber diese Jobs [2]_____ ich nicht. Nach einiger Zeit [3]_____ ich dann auch

nicht mehr studieren und gründete eine eigene Firma. Ich [4]_____ die Arbeit in der Firma und meine beiden

Angestellten [5]_____ mich. Aber schon bald suchte ich nach einer neuen Stelle, weil ich noch mehr Geld

verdienen [6]_____. Mein Sohn Johann hatte es leichter als ich. Er konnte gleich nach dem Abitur studieren,

was er [7]_____. Er [8]_____ sein Studium, aber er [9]_____ auch Zeit für seine Reisen haben.

Eine große Karriere [10]_____ er nie machen. Für ihn war leben wichtiger als Geld."

3 Am Arbeitsplatz – Die Modalverben und ihre Bedeutung

(W) a **Formulieren Sie mithilfe von Modalverben Sätze zu den folgenden Situationen.** `AB: C 4 a – b`

1. Sie verstehen ein deutsches Wort nicht. Bitten Sie Ihren Kollegen um Erlaubnis, sein Wörterbuch zu benutzen.

   Darf ich Ihr Wörterbuch benutzen?

2. Der Chef möchte, dass Ihre Kollegin einen Kunden anruft. Informieren Sie sie über die Anweisung des Chefs.

   ....

3. Es ist nötig, einen Text noch einmal gründlich zu überarbeiten. Teilen Sie das Ihrem Kollegen mit.

   ....

4. Es ist nicht erlaubt, im Büro privat zu telefonieren. Weisen Sie die neue Mitarbeiterin auf dieses Verbot hin.

   ....

5. Es gibt die Möglichkeit, im Büro Kaffee oder Tee zu kochen. Sagen Sie das Ihrem neuen Mitarbeiter.

   ....

6. Sie haben den Wunsch, in Ruhe an Ihrer Präsentation zu arbeiten. Sagen Sie das Ihrem Büronachbarn.

   ....

7. Sie haben die Absicht, nach der Arbeit noch in eine Bar zu gehen. Fragen Sie Ihre Kollegen, ob sie mitkommen.

   ....

8. Der Kopierer macht Probleme. Fragen Sie Ihre Kollegin, ob sie fähig ist, den Kopierer zu bedienen.

(W) b **Ergänzen Sie in dem Bericht die passende Form von „können" oder „dürfen". Manchmal gibt es zwei Lösungen.** `AB: C 4 c`

Kinder und Jugendliche sind oft Spezialisten im Umgang mit Computern und Smartphones. Nicht selten [1] _können_

sie besser mit der neuen Technik umgehen als ihre Eltern. Schon kleine Kinder [2]_____ manchmal auf

dem Computer oder Smartphone der Eltern Spiele ausprobieren. So lernen sie diese Geräte schon früh kennen und

[3]_____ später besser damit umgehen. Trotzdem [4]_____ Kinder und Jugendliche nicht zu viel

Zeit mit Computerspielen und Apps verbringen, denn das [5]_____ für sie schädlich sein. Wenn sie z. B. direkt

nach der Beschäftigung mit solchen Spielen ihre Hausaufgaben machen möchten, [6]_____ sie sich oft

nicht gut konzentrieren. Deshalb müssen Eltern festlegen, wie lange ein Kind oder ein Jugendlicher am Computer oder

Smartphone spielen [7]_____.

(w) c Welche Bedeutungen haben „können" und „dürfen" in den Sätzen? Schreiben Sie die Nummern der Sätze hinter die jeweilige Bedeutung.

> In der Umgangssprache verwendet man oft, alternativ zu „dürfen" (Erlaubnis) das Verb „können", z. B. Peter darf / kann eine Stunde lang am Computer spielen.

1. **Fähigkeit:** Sätze _1,_ .... 2. **Möglichkeit:** Sätze .... 3. **Erlaubnis:** Sätze ....

(w) d Die Modalverben „müssen" und „sollen". Welche Bedeutung passt? Ordnen Sie zu. [AB: C4d]

A. Pflicht / Notwendigkeit | B. Anweisung | C. Regel / Gesetz | D. Vorschlag | E. Empfehlung / Ratschlag

Bedeutung

1. Die Schulfreunde müssen für einen Artikel in der Schülerzeitung recherchieren. [A]

2. Sollen wir zuerst im Internet schauen? ☐

3. Informationen aus dem Internet sollte man immer gründlich überprüfen. ☐

4. Wir müssen viel über unser Thema wissen. ☐

5. Wir sollen den Artikel der Schulleiterin zeigen. ☐

6. Die Computer sollen vor der Pause abgeschaltet werden. ☐

(w) e Ergänzen Sie die Formen von „müssen" und „sollen" in der folgenden E-Mail. Manchmal sind zwei Lösungen möglich.

✉ 🗎 📎 → [_____] ▫ ☐ ✕

Hallo Lotta,

es tut mir leid, dass ich dir erst heute schreibe. Aber seit Kurzem [1] _muss_ .... ich jeden Tag so viel arbeiten.

Ich schreibe an einem Artikel über neue Kommunikationsmedien. Ich recherchiere sehr viel im Internet und in

Fachzeitschriften. Du sagst ja immer, dass man nicht stundenlang vor dem Bildschirm sitzen [2] ....,

aber ich [3] .... das einfach tun. Mein Chef hat gesagt, der Artikel [4] .... bis Ende des

Monats fertig sein. Zum Glück [5] .... ich nicht alles allein machen, meine Kollegin hilft mir. Aber

manchmal fragen wir uns wirklich, wie wir das in dieser kurzen Zeit schaffen [6] .... Meine Kollegin

meint, wir [7] .... mal mit unserem Chef sprechen und ihm sagen, dass er uns mehr Zeit geben

[8] .... Das [9] .... er einfach verstehen. Wann sehen wir uns? Liebe Grüße, Nils

4 **Carlas Referat ist fertig. – „nicht / kein brauchen … zu" + Infinitiv**

(v) Carlas Freund hat noch Fragen zum Referat. Verneinen Sie seine Fragen mit „nicht / kein … brauchen zu" + Infinitiv. [AB: C5a–b]

> Statt „nicht müssen" sagt man auch oft „brauchen … zu" + Infinitiv. Mit Verben verwendet man „nicht brauchen zu + Infinitiv", z. B. Wir brauchen heute nicht zu kochen. Mit Nomen gebraucht man „kein + brauchen … zu" + Infinitiv, z. B. Wir brauchen heute keine Hausaufgaben zu machen.

1. Musst du noch Fotos ausdrucken? – Nein,

   ich brauche keine Fotos mehr auszudrucken.

2. Musst du für die Klasse Kopien vorbereiten? – Nein, ...

3. Musst du frei sprechen? – Nein, ...

4. Musst du Karteikarten beschreiben? – Nein, ...

5. Musst du der Lehrerin eine Gliederung vorlegen? – Nein, ...

6. Muss das Referat schon morgen fertig sein? – Nein, ...

5 „Social Knit Work" – Die Modalverben

Lesen Sie den Zeitungsbericht und ergänzen Sie die Verben
aus dem Schüttelkasten in der passenden Form. Manchmal
gibt es zwei Lösungen. **AB: C5c**

> brauchen | dürfen | können | möcht- | mögen |
> müssen | sollen | wollen

„Social Knit Work Berlin": Straßenkunst gegen Hässlichkeit

„Unser Stadtteil [1] _soll_ schöner werden!"
Das sagten sich einige Frauen in Berlin-Friedenau
und gründeten die Initiative „Social Knit Work
Berlin". Die Frauen [2]............... in einer
5 schöneren und bunteren Umgebung wohnen.
Deshalb tun sie etwas, was in der heutigen Zeit
der Technik und des Internets eher selten geworden
ist: Sie stricken. Sie stricken „Kleider" für die verschiedenen Gegenstände in öffentlichen Bereichen
10 ihres Stadtteils oder verzieren Häuser. Natürlich
[3]............... auch Männer mitmachen. Ein Mann
ist schon dabei. Gut stricken [4]............... alle
Mitglieder der Künstlergruppe. Sie treffen sich
regelmäßig zum gemeinsamen Stricken, denn sie
15 [5]............... immer mehr Kunstwerke
anfertigen. Das Projekt [6]............... sie nicht
selbst zu finanzieren, das übernehmen Sponsoren.

Dieser Trend, der auch Guerilla-Stricken genannt wird,
kommt aus Amerika. Viele Leute [7]...............
die bunten „Kleider" der Straßenlaternen, 20
Verkehrsschilder, Parkbänke oder Fahrradständer.
Sie [8]............... sich von der guten Laune,
die von den bunten Farben ausgehen, anstecken
lassen. Aber manche Menschen [9]...............
diese Art von Kunst nicht in ihrer Wohngegend 25
sehen. Deshalb wurden bereits einige Kunstwerke
zerstört. Doch die Künstler bleiben optimistisch.
Bald [10]............... sie an einer großen
Ausstellung teilnehmen und [11]............... es
kaum erwarten, ihre Kunstwerke zu präsentieren. 30
Bis dahin [12]............... sie aber noch viel
stricken.

Pia Schniedt

D Zivilcourage

1 Hilfe – Redemittel!

Ordnen Sie die Redemittel den Situationen zu. **LB: D1c**

> Lassen Sie mich bitte in Ruhe! | Bitte stören Sie mich jetzt nicht! | Rufen Sie bitte sofort einen Krankenwagen! |
> Könnten Sie mir bitte helfen? | Benötigen Sie Hilfe? | Können Sie bitte die Polizei rufen? | Kann ich Ihnen helfen? |
> Ich möchte nicht mit Ihnen sprechen. | Kann ich etwas für Sie tun?

Passanten um Hilfe bitten	jemanden bitten, in Ruhe gelassen zu werden	jemandem Hilfe anbieten
	Lassen Sie mich bitte in Ruhe!	

E Ganz schön egoistisch!

1 Ein Popstar lässt sich bewundern. – Das Verb „lassen"

(w) **a** Paula, die Freundin des Popstars Karol King, hat es nicht leicht. Formulieren Sie die folgenden Sätze mit dem Hilfsverb „lassen". `AB: E2a–b`

1. Karol – sich – ins Studio – von Paula – fahren lassen

   Karol lässt sich von Paula ins Studio fahren. ....

2. er – seine Noten – oft – zu Hause – liegen lassen

   ....

3. er – sich – dann – die Noten – von Paula – bringen lassen

   ....

4. Karol – sich nicht – bei der Arbeit – von seiner Freundin – stören lassen

   ....

5. er – Paula – bei Proben – nicht zuhören lassen

   ....

6. bei Konzerten – er – sie – oft lange – in seiner Garderobe – warten lassen

   ....

7. bei Einladungen – der Popstar – seine Freundin – für die Gäste – kochen lassen

   ....

8. auf Partys – er – seine Freundin – sehr oft – allein – stehen lassen

   ....

(w) **b** Welche Bedeutung hat „lassen" in den Sätzen? Ordnen Sie zu. `AB: E2c`

1. „lassen" als „jemanden beauftragen, etwas zu tun": Sätze *1,* ....

2. „lassen" als „etwas erlauben / zulassen": Sätze ....

3. „lassen" als „etwas liegen lassen / jemanden zurücklassen": Sätze ....

(w) **c** Mit welcher Form bildet das Hilfsverb „lassen" das Perfekt? Kreuzen Sie in der Regel an. `AB: E2d`

> Das Hilfsverb „lassen" bildet das Perfekt mit ☐ dem Partizip „gelassen" ☐ dem Infinitiv „lassen".

(w) **d** Formulieren Sie die Sätze aus 1a im Perfekt.

1. *Karol hat sich von Paula ins Studio fahren lassen.* ....

2. ....

3. ....

4. ....

5. ....

6. ....

7. ....

8. ....

2 Einfach alles liegen lassen – Typische Verben mit „lassen"

(V) Lesen Sie die kleine Anekdote und ergänzen Sie die Verben „liegen lassen", „stehen lassen", „sitzen lassen", „hängen lassen", „stecken lassen". AB: E2e

Vera Werner, die Managerin des Popstars, hat viel Stress und ist deshalb sehr vergesslich. Sie [1a] _lässt_ ständig wichtige Unterlagen oder ihre Schlüssel zu Hause [1b] _liegen_ . Gestern hat sie ihre Jacke im Probenraum am Garderobenhaken [2]_____. Sie hat auch ihren Regenschirm neben der Tür [3]_____ _____. Neulich wollte Paula ihr die Sachen ins Büro bringen. Vera war nicht da, aber sie hatte ihren Büroschlüssel im Schloss [4]_____. Da schloss Paula die Tür ab, denn sie wollte sie nicht offen [5]_____ _____. Vera war ihr deshalb sehr dankbar und seitdem [6a]_____ sie Paula manchmal im Probenraum ganz hinten in der letzten Reihe [6b]_____ und bei den Proben zuhören.

3 Lassen Sie das! – „lassen" als Vollverb

(V) a Welche Verben werden mitgedacht, aber nicht geschrieben? Ergänzen Sie sie in den Klammern.

> Wenn der Kontext klar ist, lässt man in der Umgangssprache in Sätzen mit „lassen" den Infinitiv oft weg, z. B. Linda möchte gern verreisen, aber ihre Eltern lassen sie nicht (verreisen). Das Verb „lassen" ist dann ein Vollverb und bildet das Perfekt mit dem Partizip „gelassen": Sie wollte gern verreisen, aber ihre Eltern haben sie nicht gelassen.

1. Karol lässt keine Fremden in seine Wohnung (_hineinkommen_).

2. Er lässt seine Freunde nicht zu den Proben (_____).

3. Er lässt seine Freundin nicht allein auf Partys (_____).

4. Die Fans dürfen beim Konzert keine Fotos machen. Aber heute lässt Karol sie (_____).

5. Karol möchte eine große Tournee machen. Paula lässt ihn (_____).

(V) b Lesen Sie den Tipp und schreiben Sie die Sätze mit „lassen" aus 3 a im Perfekt wie im Beispiel.

1. _Karol hat keine Fremden in seine Wohnung gelassen. / Er hat keine Fremden in seine Wohnung hineinkommen lassen._

2. _____

3. _____

4. _____

5. _____

4 Ein Fanbericht – Die Verben „helfen / hören / sehen / bleiben / …" + Infinitiv

(W) a Jan Höfle schreibt seinem Freund vom Karol King-Konzert. Ergänzen Sie Sätze mit „helfen / hören / sehen / bleiben / gehen / lernen" im Präteritum. AB: E3a

1. Es war 21.00 Uhr. Da _hörten wir die Band spielen_ _____. (wir die Band spielen hören)

2. Endlich _____ (wir Karol auf die Bühne kommen sehen).

3. Plötzlich stürzte die Frau neben mir. _____ (ich ihr aufstehen helfen).

4. Während des Konzerts _____ (wir neue Songs singen lernen).

5. „So ein tolles Konzert!", jubelten die Fans und _____ (lange stehen bleiben).

6. Danach _____ (ich noch zu Karol ein Autogramm holen gehen).

(W) b Am nächsten Tag erzählt Jan seinen Kollegen von dem Konzert. Schreiben Sie die Sätze mit „ helfen / hören / sehen / bleiben / gehen / lernen" im Perfekt in Ihr Heft. AB: E3b

1. … Da haben wir die Band spielen hören. 2. Endlich haben

F Mein Buch, dein Buch?

1 Bücherwelten – Verben mit trennbarer oder untrennbarer Vorsilbe

(W) a Lesen Sie die Verben und markieren Sie bei den trennbaren Verben die Vorsilbe. AB: F2

> **aus**sterben | benötigen | besitzen | durchlesen | entdecken | hineinschauen | nachschauen | verbringen

(W) b Lesen Sie den Kommentar und ergänzen Sie die Verben aus dem Schüttelkasten. Achten Sie auch auf die richtige Zeitform.

Antiquariate – wunderbare Orte

In meiner Straße gibt es drei von ihnen – Bücherantiquariate. Wann immer
ich ein Buch [1a] *benötige* – als Geschenk oder für meine Arbeit
[1b] ____ –, [2a] ____ ich zuerst dort [2b] ____,
ob ich etwas finde. Und meistens [3a] ____ ich dann etwas ganz
anderes [3b] ____: Ein Buch, das ich immer schon einmal lesen
wollte, das ich nun unbedingt [4a] ____ [4b] ____ muss.
Manchmal [5a] ____ ich Stunden in bzw. vor meinem Lieblings-
antiquariat [5b] ____, ich [6a] ____ in Kisten [6b] ____, blättere in Büchern und
[7a] ____ schnell die Texte auf dem Einband [7b] ____. Antiquare sind Büchernarren. Sie haben
auf fast alle Fragen eine Antwort, sie sind verliebt in ihre Bücher. Reich werden sie mit ihrer Arbeit sicherlich nicht,
aber durch ihre Arbeit [8a] ____ Bücher in Zeiten von E-Books nicht [8b] ____.

2 Richtig schreiben: Das Dehnungs-h

> Vor den Konsonanten „l, m, n, r" steht nach einem lang gesprochenen Vokal oft
> ein „h", z. B. kahl, nehmen, Ohr, Lohn. Dieses Dehnungs-h zeigt, dass der Vokal
> lang ist. Das „h" selbst spricht man nicht mit. Wenn vor dem langen Vokal „kr,
> qu, sch, sp, t" steht, schreibt man jedoch kein „h", z. B. Kran, Qual, Schule, Spüle,
> Tat. Nach Diphthongen wie „au, äu, ei, eu" steht oft kein Dehnungs-h.

(E) a Lesen Sie den Tipp und ergänzen Sie dann
dort ein Dehnungs-h, wo es nötig ist.

1. ra___ten	5. schnei___den	9. fü___len	13. lee___r	17. schä___len	21. spü___ren
2. Sa_h_ne	6. Bo___ne	10. Scha___le	14. zä___len	18. Rau___m	22. Spi___nat
3. Krü___mel	7. se___r	11. wa___rm	15. vie___l	19. kü___l	23. que___r
4. spa___zieren	8. sta___rk	12. Ko___l	16. Kru___g	20. Kre___bs	24. Mö___re

(E) b Wörter gesucht! Welche gleich klingenden Wörter sind gemeint? Einmal schreibt man sie mit „h" und einmal anders.
Schreiben Sie.

> malen | das Meer | ~~der Wal~~ | mehr |
> die Wahl | mahlen

> Es gibt Ausnahmen, bei denen der Vokal zwar lang gesprochen,
> das „h" jedoch nicht geschrieben wird, z. B. malen. Manchmal
> gibt es Wörter, die bei unterschiedlicher Schreibung gleich
> klingen und verschiedene Bedeutungen haben, z. B. war – wahr.

1a. ein großes Lebewesen im Meer: *der Wal*

1b. Man hat eine Alternative, man hat die ____.

2a. der Komparativ von „viel": ____

2b. ein großes Gewässer: ____

3a. etwas klein machen in einer Mühle: ____

3b. etwas mit Farbe zeichnen: ____

A Ein Dach über dem Kopf

1 Was bieten die verschiedenen Wohnmöglichkeiten? – Adjektive und Nomen

Ⓥ Wie heißen die Nomen zu den Adjektiven? Geben Sie auch den bestimmten Artikel an. `LB: A1b + AB: A1a`

| Ästhe | Ano | Dun | Eng | Ein | Gemüt | ~~Hel~~ | Käl | Kom | Mobi | Ro | Wär | man | e | fort | heit |
| kel | keit | ~~keit~~ | ~~keit~~ | li | lich | ~~lig~~ | me | nymi | sam | tät | tät | te | tik | tik |

1. hell: *die Helligkeit* ....

2. eng: ....

3. gemütlich: ....

4. romantisch: ....

5. warm: ....

6. einsam: ....

7. komfortabel: ....

8. mobil: ....

9. kalt: ....

10. ästhetisch: ....

11. anonym: ....

12. dunkel: ....

B Tausche Wohnung

1 Wortschatz rund ums Wohnen – Wortbildung

Ⓔ Ordnen Sie die zusammengesetzten Nomen in die Tabelle und ergänzen Sie den bestimmten Artikel. `LB: B1b + AB: B1a`

~~Altbau~~ | Dachgeschoss | Erdgeschoss | Haustier | Heizkosten | Hochhaus | Immobilienmakler | Innenstadt | Monatsmiete | Neubau | Obergeschoss | Quadratmeter | Tageslichtbad | Waschmaschine | Wohngemeinschaft

Nomen + Nomen	Adjektiv + Nomen	Adverb + Nomen	Verb + Nomen
	der Altbau,		

C Wohntrends

1 Mikrohäuser im Trend – Definitionen

Ⓥ Ergänzen Sie die Erklärungen mit den Wörtern aus dem Schüttelkasten. `LB: C2a`

anstrengend | effizient | ~~gering~~ | sparsam | überflüssig | verkleinern | winzig

1. Der Energieverbrauch ist nicht hoch. Er ist *gering* .

2. Dinge, die unnötig sind, sind ....

3. Etwas, was sehr klein ist, ist ....

4. Eine Methode zum Klimaschutz, die wirksam ist, ist ....

5. Eine Person, die nicht viel Geld ausgibt, ist ....

6. Das Leben im Mikrohaus ist nicht immer leicht, es ist manchmal auch ....

7. Etwas kleiner machen bedeutet etwas ....

2 Endlich eine neue Wohnung! – Die Adjektivdeklination

(V) a Ergänzen Sie die passende Adjektivform nach (un-)bestimmtem Artikel, Possessiv-, Negativ- und Nullartikel. Markieren Sie die Artikel und Endungen. **LB: C3a–d + AB: C2a–f**

1. Marie hat endlich eine *neue* .... (neu) Wohnung gefunden.

2. Sie hat lange nach einer .... (klein) Wohnung in .... (zentral) Lage gesucht.

3. Die Wohnung liegt direkt neben dem .... (groß) Einkaufszentrum.

4. Marie kann gut auf .... (überflüssig) Dinge verzichten, aber Folgendes ist für sie wichtig: eine .... (praktisch) Küche, ein .... (separat) WC und ein .... (hell) Schlafzimmer.

5. Besonders gut gefällt mir ihr .... (gemütlich) Wohnzimmer.

6. Klimaschutz ist ebenfalls ein .... (wichtig) Aspekt für Marie. Sie hat kein .... (eigen) Auto und fährt immer mit ihrem .... (schick) Fahrrad zur Arbeit.

7. Ihre .... (neu) Nachbarn sind sehr nett und hilfsbereit.

8. Glücklicherweise kommen zur Kaltmiete keine .... (hoch) Nebenkosten hinzu.

(E) b Markieren Sie in der Kurzmeldung die Adjektive im Genitiv und tragen Sie die Endungen in die Tabelle rechts ein.

Neuer Trend = alter Trend

Trotz des aktuellen Trends bei Einrichtungen setzt ein Großteil der befragten Leser auf bekannte Wohnideen. Der Wohntrend des kommenden Jahres: Natürliche Materialien wie Stein und Holz sowie warme Farben sind auch die klaren Favoriten der nächsten Saison.

Adjektivendungen im Genitiv nach bestimmtem Artikel

	m	n	f	Pl
Gen.	-en			

(E) c Was fällt auf? Ergänzen Sie die Regel.

Die Endung der Adjektive im Genitiv nach dem bestimmten Artikel ist immer „...............".

(E) d Lesen Sie die Mail. Markieren Sie die Adjektive im Genitiv und tragen Sie sie in die Tabelle ein.

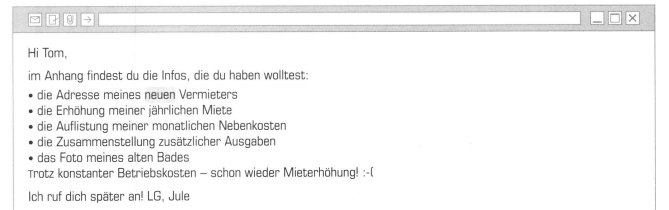

Hi Tom,

im Anhang findest du die Infos, die du haben wolltest:
• die Adresse meines neuen Vermieters
• die Erhöhung meiner jährlichen Miete
• die Auflistung meiner monatlichen Nebenkosten
• die Zusammenstellung zusätzlicher Ausgaben
• das Foto meines alten Bades
Trotz konstanter Betriebskosten – schon wieder Mieterhöhung! :-(

Ich ruf dich später an! LG, Jule

Adjektivendungen im Genitiv nach dem unbestimmten Artikel, Possessiv- und Negativartikel

	m	n	f		Pl
Gen.	eines / meines / keines *neuen* Vermieters	eines / meines / keines .... Bades	einer / meiner / keiner .... Miete	.... Ausgaben	meiner / keiner / .... Nebenkosten

E e Was fällt auf? Ergänzen Sie die Regeln.

> Nach dem unbestimmten Artikel, Possessiv- und Negativartikel ist die Endung immer: „................". Im Plural ist die Genitivendung nach dem unbestimmten Artikel (= Nullartikel): „................".

E f Markieren Sie in den Zeitungsüberschriften die Adjektivendungen im Genitiv und ergänzen Sie die Tabelle.

Wohnungsnot in Großstädten: Trotz intensiver Suche keine bezahlbare Wohnung

Leben in der WG: Toleranz ist einer der Hauptgründe guten Zusammenlebens

Mieterschutzbund warnt: viele Probleme beim Abschluss mündlicher Mietverträge

Immer mehr Singles leben in einer WG – hier die Meinungen verschiedener WG-Bewohner

Trotz schriftlichen Vertrags: Mieter wurde einfach vor die Tür gesetzt!

Adjektivendungen im Genitiv nach dem Nullartikel			
	m	**n**	**f**	**Pl**
Gen.			–er	

E g Was fällt auf? Ergänzen Sie die Regeln.

> Die Endung der Adjektive im Genitiv vor Nomen ohne Artikel ist im Maskulinum und Neutrum: „................".
> Im Femininum und Plural ist die Endung: „................".

E h Lesen Sie den Ausschnitt aus einer Hausordnung und ergänzen Sie die Adjektivendungen im Genitiv.

- Das Sauberhalten des [1] gemeinsam*en* Spielplatzes ist die Aufgabe der Eltern.
- Bitte achten Sie auf die Trennung Ihres [2] gesamt........ Hausmülls.
- Das Abstellen [3] motorisiert........ Fahrzeuge ist auf dem Hof nicht gestattet!
- Die Reparatur von Fahrzeugen ist mit Ausnahme [4] klein........ Arbeiten auf dem Hof verboten!
- Die Reinigung des [5] gemeinsam........ Treppenhauses ist im Putzplan festgelegt.
- Die Einhaltung dieser [6] wichtig........ Regeln erleichtert unser Zusammenleben.

E i In dem Zeitungsartikel fehlen die Adjektivendungen. Ergänzen Sie sie. AB: C2g

> ## Wohnen für Hilfe
>
> Jahr für Jahr suchen Studierende [1] *preiswerte* (preiswert) Zimmer oder [2] .... (bezahlbar) Wohnungen. [3] .... (endlos) Wartelisten für die [4] .... (wenig) Plätze in Studentenwohnheimen, [5] .... (zahllos) Bewerbungsgespräche in WGs und vor allem die [6] .... (hoch) Mieten in den [7] .... (groß) Universitätsstädten erschweren [8] .... (viel) Studierenden die Suche nach einer [9] .... (passend) Wohnmöglichkeit. Mehrere Städte bieten daher seit einigen Jahren „Wohnen für Hilfe" an. Studierende können kostenlos Wohnraum mieten und bieten dafür ihre [10] .... (regelmäßig) Mithilfe im Alltag an. Dabei gibt es ganz [11] .... (unterschiedlich) Aufgaben: von [12] .... (gemeinsam) Spaziergängen mit Senioren oder Hilfe beim Einkaufen bis zur Kinderbetreuung bei [13] .... (jung) Familien. Die Studierenden müssen keine [14] .... (pflegerisch) Tätigkeiten ausüben. Als [15] .... (generell) Regel gilt: Pro Quadratmeter Wohnraum leisten die Studierenden eine Stunde Hilfe im Monat. Da bleibt den Studierenden auch noch Zeit für die Pflege ihrer [16] .... (eigen) Interessen und natürlich für das Studium.
>
> *S. Breuer*

③ Vergleiche – Komparativ und Superlativ: prädikativ

w a Ordnen Sie die Adjektive in Tabelle ein und ergänzen Sie die Komparativ- und Superlativformen. `AB: C3a–b`

alt | bekannt | dunkel | gern | gut | heiß | hoch | hübsch | kurz | modern | nah | teuer | viel | warm

Besonderheit	Grundform	Komparativ	Superlativ
1. regelmäßig	modern	moderner	am modernsten
2. regelmäßig mit Umlaut			
3. Adjektive auf: „d", „s", „ß", „sch", „t", „z": Superlativ auf „-est"; Ausnahme: groß – größer – am größten			
4. Adjektive auf: „-el", „-er": Im Komparativ fällt das erste „e" weg			
5. Sonderformen			

w b Ergänzen Sie die passenden Komparativ- und Superlativformen. Manchmal gibt es mehrere Lösungen.

dunkel | gern | hoch (2x) | hübsch | kurz | modern | nah | teuer | viel | warm | weit

1. Die neue Küche ist viel _moderner_.

2. Von hier oben kannst du am .... sehen.

3. Direkt am Kamin ist es am ....

4. Geht es hier noch .... hinauf?

5. Jetzt wohne ich noch .... bei dir.

6. Dieser Weg ist am ....

7. Im Zentrum sind die Mieten am ....

8. Das Erdgeschosszimmer ist ....

9. Hier sitze ich am ....

10. Ich finde diese Gardine am ....

11. Die Möbel kosten ab Montag ....

12. Warum wird alles immer .... ?

w c „als" oder „wie"? Lesen Sie Leas Bericht und markieren Sie die richtige Lösung. `AB: C3c`

Eine bezahlbare Wohnung oder ein WG-Zimmer in Freiburg zu finden, war noch schwerer [1] als/wie ich gedacht habe. Zum Glück habe ich über die Initiative „Wohnen für Hilfe" so schnell eine passende Wohngemeinschaft gefunden, [2] als/wie ich gehofft hatte. Ich war anfangs sogar skeptischer [3] als/wie Frau Heller, meine 78-jährige Mitbewohnerin. Frau Heller ist viel unkomplizierter, [4] als/wie ich mir vorgestellt habe. Ich hätte nie gedacht, dass das Leben in einer WG so gut funktionieren kann [5] als/wie bei uns. Ich „muss" Frau Heller nicht mehr [6] als/wie zweimal in der Woche im Garten helfen. Und die Gartenarbeit mache ich lieber [7] als/wie putzen. Aber nicht immer klappt das Zusammenwohnen so, [8] als/wie man sich das vorgestellt hat. Bei einem Studienfreund ist die Wohnsituation nicht so ideal [9] als/wie bei mir. (Lea S.)

4 Vergleiche – Komparativ und Superlativ: attributiv

Ⓥ **a** Im Möbelgeschäft. Ergänzen Sie das Verkaufsgespräch mit den Komparativ- und Superlativformen wie im Beispiel. `AB: C3d`

- ■ Ich suche ein preiswertes Angebot. Haben Sie [1] _keine preiswerteren_ (Angebote)?

- ▢ Tut mir leid, das sind [2] _die preiswertesten_ , die wir haben.

- ■ Wir hätten gern einen stabilen Schreibtisch. Gibt es [3] keinen .... (Schreibtisch)?

- ▢ Leider nein. Das ist [4]...................................

- ■ Ich bräuchte eine harte Matratze. Führen Sie auch [5].................................. (Matratzen) als diese?

- ▢ Ich bedaure, aber das sind [6].................................., die ich Ihnen anbieten kann.

- ■ Wir suchen einen hohen Schrank. Haben Sie noch [7].................................. (Schrank)?

- ▢ Nein, leider nicht. Das ist [8].................................., den wir haben.

- ■ Ich hätte gern ein breites Regal. Gibt es [9] kein .... (Regal)?

- ▢ Bedaure, das sind [10].................................., die ich Ihnen anbieten kann.

Ⓥ **b** Lesen Sie die Startseite der Immobilienagentur „Top-Agentur" und ergänzen Sie die Komparativ- und Superlativformen. `AB: C3e`

◀ ▶ http://www.top-agentur.eu   ▬ ☐ ✕

Top-Agentur   **Über uns**   **Mieten**   **Kaufen**   **Verkaufen**   **Service**   **Kontakt**

Wir bieten Ihnen die [1] _attraktivsten_ (attraktiv) Angebote in der ganzen Stadt. Bei uns finden Sie

nicht nur [2]............................ (viel) Immobilien, als Sie sich vorstellen können, sondern wirklich nur

[3] die .... (gut). Wir haben Objekte in den [4]............................ (beliebt) Wohngegenden.

Unsere [5]............................ (groß) Motivation ist Ihre Zufriedenheit. Wir garantieren Ihnen daher

[6]............................ (hoch) Qualität, sonst bekommen Sie Ihr Geld zurück. Nirgends finden Sie

[7]............................ (flexibel) Berater oder einen [8]............................ (gut) Service, denn unser Team

berät Sie nicht nur am [9]............................ (freundlich), sondern auch am [10]............................ (kompetent).

5 Richtig schreiben: Groß- und Kleinschreibung von Adjektiven

Ⓥ **a** Schreibt man die Adjektive groß oder klein? Kreuzen Sie an. `AB: C4a–b`

1. In unserer WG bin ich die   ⓐ ruhige   ⓑ Ruhige.

2. Max ist am   ⓐ ältesten.   ⓑ Ältesten.

3. Unseren Vermieter nennen wir den   ⓐ alten.   ⓑ Alten.

4. Was ist das   ⓐ besondere   ⓑ Besondere   an deiner Wohnung?

5. Für mich ist die Küche der   ⓐ gemütlichste   ⓑ Gemütlichste   Raum.

6. Die zentrale Lage ist das   ⓐ ideale   ⓑ Ideale   an unserer Wohnung.

7. Das Leben in einer WG schätzen die   ⓐ meisten   ⓑ Meisten   deutschen Studierenden.

8. Kennst du schon die   ⓐ neuen   ⓑ Neuen   Nachbarn von gegenüber?

(v) b **Ergänzen Sie in dem Prospekt Adjektive, Komparative, Superlative als Nomen.**

> Adjektive als Nomen werden häufig im Neutrum nach „etwas", „nichts" und „alles" gebraucht. Das Nomen wird wie ein Adjektiv dekliniert. Z. B. Ich suche nach etwas Modernem, aber ich habe noch nichts Schönes gefunden. Alles Teure kommt auch nicht in Frage.

Lust auf neue Wohnideen? Wir beraten Sie gerne!

Lust auf etwas [1] _Neues_ (neu)? Sind Sie auf der Suche nach etwas [2] _____ (interessant)?

Dann haben wir genau das [3] _____ (richtig) für Sie! Nur der [4] _____ (dumm) greift bei

unseren tollen Angeboten nicht zu. Kommen Sie schnell zu uns! Die [5] _____ (schnell / Superl.)

bekommen nicht nur das [6] _____ (exklusiv / Superl.), sondern auch das [7] _____

(preiswert / Superl.), was wir zu bieten haben. Etwas [8] _____ (ideal / Komp.) finden Sie nirgends! Denn

wir wissen: [9] _____ (viel) ist möglich. Unser Tipp: Kombinieren Sie doch auch mal [10] _____

(alt) mit [11] _____ (modern), denn eine gute Mischung ist das [12] _____ (wichtig / Superl.).

D Mein Zuhause

1 Noch mehr Adjektive

(v) **Adjektiv und Nomen. Was passt nicht: a, b oder c? Kreuzen Sie an.** `AB: D1b`

1. leise: **a** eine Person **b** ein Zimmer **c** ein Musikstück
2. ordentlich: **a** eine Maklergebühr **b** eine Wohnung **c** eine Kleidung
3. hell: **a** ein Wohnzimmer **b** eine Farbe **c** eine Situation
4. dunkel: **a** ein Problem **b** ein Raum **c** eine Farbe
5. laut: **a** eine Wohngegend **b** eine Stimme **c** eine Mieterhöhung
6. chaotisch: **a** eine Person **b** ein Problem **c** eine Situation

---

E Anders wohnen – anders leben

1 Neues aus „Sieben Linden" – Das Passiv

> In Passivsätzen kann man das „Agens" bei Mitteln, Instrumenten, abstrakten Angaben oder Umständen auch mit „durch" + Akk. ausdrücken. Z. B. Das Haus wurde durch einen Brand zerstört.

(w) a **Bilden Sie Passivsätze. Achten Sie auf die Zeitform und entscheiden Sie, ob das Agens wichtig ist oder nicht.** `LB: E3a–b + AB: E2a–b`

1. In der Gemeinschaftsküche – Bewohner – vegetarisch kochen (Präs.)

   In der Gemeinschaftsküche wird vegetarisch gekocht. (Agens ist nicht wichtig.)

2. Über „Sieben Linden" – Filmemacher – zwei Filme – produzieren (Prät.)

   ....

3. Auch in Zukunft – ältere Menschen – Dorfbewohner selbst – pflegen (Futur I.)

   ....

4. Die Kommunikation innerhalb des Dorfes – Computer – erleichtern (Präs.)

   ....

5. Anfangs – Lebensweise in „Sieben Linden" – Bewohner Poppaus – kritisch betrachten (Plusqu.)

   ....

6. 2002 – Waldkindergarten – Ökodorfbewohner – gründen (Perf.)

   ....

v b **Bilden Sie Sätze im Passiv ohne Subjekt. Achten Sie auf die Zeitformen.** `LB: E3c + AB: E2c`

> „Man" im Aktiv → kein Agens im Passiv. Das Agens, also die Person oder die Sache, die etwas tut oder bewirkt, ist nicht wichtig. Z. B. Man informierte die Gäste → Die Gäste wurden informiert.

1. Man klärt alle Konflikte persönlich.

   Alle Konflikte werden persönlich geklärt.

2. Die wichtigsten Entscheidungen hat man schon immer gemeinsam besprochen.

3. Man wird auch in Zukunft viele soziale Projekte unterstützen.

4. In der Vergangenheit hatte man vor allem Handwerker gesucht.

5. Alle zahlen jeden Monat einen Mitgliedsbeitrag von 100 Euro.

6. Letztes Jahr bot man den Gästen viele Veranstaltungen an.

v c **„Worden" oder „geworden"? Bilden Sie mithilfe der Stichworte Sätze im Perfekt und schreiben Sie sie in die passende Spalte der Tabelle in Ihr Heft.**

> • Perfekt von „werden": „sein" + „geworden" (= Part. Perf. v. „werden"), z. B. Das Haus ist sehr schön geworden.
> • Passiv Perfekt: „sein" + Part. Perf. + „worden", z. B. Das Haus ist renoviert worden.

> Problem gelöst werden | Bauernhaus fertig werden | Dorf größer werden | alle Erwachsenen Genossenschafts-
> mitglieder werden | neuer Rat gewählt werden | alle wichtigen Aufgaben erledigt werden | Leben in „Sieben
> Linden" bunter werden | Sommerfest organisiert werden | viele neue Ideen ausprobiert werden

Etwas ist geschehen. (Passiv)	Etwas / jemand hat sich verändert. (Aktiv)
Das Problem ist gelöst worden.	*Das Bauernhaus ist fertig geworden.*

2 Das Leben in der Dorfgemeinschaft – Das Passiv mit Modalverben

v **Formulieren Sie Passivsätze mit oder ohne Agens und tragen Sie sie in die Tabelle ein.** `LB: E3e + AB: E3`

1. Jeder muss monatlich einen Mitgliedsbeitrag zahlen.
2. Im letzten Sommer konnten die Bewohner viele schöne Feste feiern.
3. Handys soll man im Dorf ausschalten.
4. Aber Computer darf man in „Sieben Linden" benutzen.
5. Letztes Jahr musste man eine Informationsveranstaltung absagen.
6. Von Anfang an sollten die Bewohner die Gemeinschaft respektieren.

Position 1	Position 2		Satzende
1. *Ein Mitgliedsbeitrag*	*muss*	*von jedem monatlich*	*gezahlt werden.*
2. *Im letzten Sommer*			
3.			
4.			
5.			
6.			

3 Das Partizip Perfekt als Adjektiv

Partizip Perfekt
Als Adjektiv wird es dekliniert, als Verb nicht! Z. B. Die Treppe ist geputzt worden. – die geputzte Treppe.

(E) a **Bilden Sie Adjektive wie im Beispiel.**

1. Die Wohnung ist kürzlich renoviert worden. → *die kürzlich renovierte Wohnung*

2. Die Wände sind gerade frisch gestrichen worden. →

3. Der Raum wird häufig genutzt. →

4. Das Regal wurde selbst gebaut. →

5. Die Küche ist neu eingerichtet worden. →

(E) b **Ergänzen Sie in der Mail die passenden Formen des Partizips Perfekt.**

Hi Caro,

endlich kann ich in das [1] *umgebaute* (umbauen) Wohnheim einziehen. Es liegt genau hinter dem neu

[2] _____ (eröffnen) Einkaufszentrum an der stark [3] _____ (befahren) Straße. Aber es

ist gar nicht so laut, weil die neu [4] _____ (einsetzen) Fenster dreifach verglast sind. Die Bauarbeiten

an dem [5] _____ (beschädigen) Gebäude haben nun doch sehr lange gedauert. Aber das Warten hat

sich gelohnt! Ich fühle mich sehr wohl in meinem [6] _____ (renovieren) Zimmer. Wann kommst du

mich denn einmal besuchen? Liebe Grüße, Pia

F Übernachten mal ganz anders

1 Sich beschweren – Redemittel

Beschwerdebriefe:
- Schreiben Sie sachlich und nicht übertrieben.
- Nennen Sie konkrete Beispiele.
- Schreiben Sie höflich.

(W) a **Streichen Sie die unhöflichen und unsachlichen Formulierungen.** AB: F2

Der Aufenthalt war leider nicht sehr angenehm. | Ich will mein Geld zurück! | Die Dusche funktionierte nicht. | Ihr Personal war furchtbar. | Der Aufenthalt war eine Katastrophe! | Alles war schmutzig. | Ich hoffe auf eine Entschädigung von Seiten Ihres Hauses. | Ihr Personal war nicht sehr freundlich und hilfsbereit. | Es gab nur Probleme. | Es gab einige Probleme. | Das Bad war verschmutzt. | Nichts hat funktioniert.

(V) b **Korrigieren Sie den Beschwerdebrief und schreiben Sie das richtige Wort oder die zwei Wörter in der richtigen Reihenfolge an den Rand.**

Sehr geerte Damen und Herren,	*geehrte* 1
ich habe vom 7.–8. Mai 2014 in ihrem Hotel übernachtet. Diese Übernachtung	2
ist für mir nicht schön gewesen. Es gab leider Probleme. Das Zimmer	3
war sehr laut, da sie direkt an der Straße lag. Es war viel zu warm im Zimmer,	4
denn die Klimaanlage nicht funktioniert hat. Außerdem war der Teppich sehr	5
schmutzig. Ich bin mich an der Rezeption beschwert, aber Ihr Personal ist	6
unhöflich gewesen. Ich habe 95 € für die Übernachtung bezahlen. Für diesen Preis	7
ich kann ein ruhiges, sauberes Zimmer und einen besseren Service erwarten.	8
Ich hoffe nun auf eine Entschuldigung von Seiten Ihres Hauses.	9
Mit freundlichen Grüße …	10

6

A Neues entdecken und erfahren

1 Wortschatz: Neue Horizonte

(W) Ergänzen Sie die Wörter aus dem Schüttelkasten. Die markierten Buchstaben ergeben ein Wort, mit dem Sie den Lösungssatz unten vervollständigen können. **AB: A1a**

> Abenteuer | Erschöpfung | Fernweh | gefährlich | Hafen | Heimweh | reich | Ruhe | spannend

1. *Erschöpfung* .... ist ein Zustand, den man nach zu viel Arbeit erreicht.
2. Wenn man .... ist, hat man keine Geldsorgen.
3. In einem .... liegen die Schiffe.
4. Ein anderes Wort für interessant ist ....
5. .... ist die Sehnsucht nach seinem Zuhause.
6. .... ist ein Gefühl, das man hat, wenn man weit wegfahren möchte.
7. Wenn alles ganz still ist, hat man ....
8. Wenn man Langeweile hat, sucht man ein ....
9. Wilde Tiere sind ....

Lösung: „Oh, was für eine tolle [E] ☐ ☐ ☐ ☐ ☐ ☐ ☐ ☐ .

B Faszination Extremsport

1 Wortschatz: Drachenfliegen

(W) a Notieren Sie die Wortfamilie des Verbs „fliegen".
LB: B1a

der Flug

fliegen

(V) b Informieren Sie sich zum Thema Drachenfliegen und setzen Sie dann die Wörter aus dem Schüttelkasten ein.

> Berghänge | durchschnittliche | hoch | Höchstgeschwindigkeit | körperliche | Luft | regelmäßiges | Sicherheit | Vogel

Drachenfliegen ist eine Sportart, bei der man [1] *hoch* ....

hinaus kann. Wie ein [2] .... kann man die Landschaft

aus der [3] .... betrachten. Die [4] ....

Geschwindigkeit liegt bei etwa 40 km/h, allerdings können moderne Drachen

eine [5] .... von 100 km/h erreichen. Ein guter

Startpunkt für die Drachenflieger sind freie [6] .... Die

[7] .... steht auch bei dieser Extremsportart an erster

Stelle – ein Zeugnis über die [8] .... Fitness der

Sportler und ein [9] .... Überprüfen der Ausrüstung

sind daher sehr wichtig.

2 Es lebe der Sport! – Verben und ihre Ergänzungen

(w) **a** Nominativ (N), Akkusativ (A), Dativ (D), Akkusativ + Dativ (AD) oder Genitiv (G)? Notieren Sie hinter die Verben den passenden Kasus. `LB: B2 + AB: B2a~b`

1. bleiben   *N*
2. bedürfen   ☐
3. empfehlen   ☐
4. essen   ☐

5. fehlen   ☐
6. schenken   ☐
7. sein   ☐
8. sich rühmen   ☐

9. werden   ☐
10. wiederholen   ☐
11. zeigen   ☐
12. zuhören   ☐

(v) **b** Lesen Sie die Sätze und markieren Sie die Ergänzung zu den unterstrichenen Verben. Kreuzen Sie an, ob es sich um eine Nominativ- (N) oder Genitiv- (G) Ergänzung handelt.

1. Drachenfliegen <u>ist</u> eine Sportart, die immer beliebter und sicherer wird.   Ⓝ Ⓖ
2. Aber dieser Sport <u>bleibt</u> immer noch eine gefährliche Extremsportart.   Ⓝ Ⓖ
3. Anfänger <u>bedienen sich</u> oft vieler Ausreden, um ihren ersten Flug hinauszuzögern.   Ⓝ Ⓖ
4. Dann <u>werden</u> die erfahrenen Drachenflieger Vorbilder für die „blutigen" Anfänger.   Ⓝ Ⓖ
5. Sie <u>nehmen sich</u> der Anfänger <u>an</u>, um sie zu stärken und zu motivieren.   Ⓝ Ⓖ
6. Gerade vor den ersten Flügen <u>bedürfen</u> sie einer besonderen Unterstützung.   Ⓝ Ⓖ

3 Wofür interessierst du dich? – Verben mit Präpositional-Ergänzung

(v) **a** Wie fragt man nach Präpositional-Ergänzungen? Lesen Sie zuerst den Tipp und kreuzen Sie an, ob in den Fragen nach Personen (P) oder Sachen (S) gefragt wird. `AB: B3a`

> Nach Präpositional-Ergänzungen fragt man
> * mit „Wo(r)" + Präp. (→ Sachen), z. B.: Woran denkst du? – An den Sport.
> * mit Präposition + W-Frage (→ Person), z. B. An wen denkst du? – An Paul.

1. Womit beschäftigst du dich?   Ⓟ Ⓢ
2. Bei wem muss er sich bedanken?   Ⓟ Ⓢ
3. Worauf kann sie nicht verzichten?   Ⓟ Ⓢ
4. Wovon erholt er sich?   Ⓟ Ⓢ
5. Auf wen warten wir?   Ⓟ Ⓢ
6. Über wen sprichst du?   Ⓟ Ⓢ
7. Mit wem trifft er sich gerade?   Ⓟ Ⓢ
8. Worüber berichtet er?   Ⓟ Ⓢ

(v) **b** Lesen Sie zuerst die Antworten und stellen Sie dann die passenden Fragen nach der Präpositional-Ergänzung.

1. *Wofür interessiert sich Tim nur?*   – Tim interessiert sich nur <u>für den Marathon</u>.
2. ....   – Er träumt <u>von einer Karriere als Profi-Sportler</u>.
3. ....   – Er verzichtet <u>auf Süßigkeiten und Alkohol</u>.
4. ....   – Er trainiert täglich <u>mit seinem Trainer</u>.
5. ....   – Tims Gesundheit leidet <u>unter dem Training</u>.
6. ....   – Der Trainer glaubt <u>an Tims Erfolg</u>.
7. ....   – Die Eltern kümmern sich sehr <u>um ihn</u>.
8. ....   – Tim ist total verliebt <u>in seine neue Freundin</u>.
9. ....   – Seine Freundin denkt auch fest <u>an ihn</u>.

c Verben mit Präpositionen. Ordnen Sie den Verben die passenden Präpositionen zu. Manchmal gibt es mehrere Lösungen. Ergänzen Sie dann den passenden Kasus. `AB: B3b`

| an | auf | bei | für | mit | in | über | um | unter | von | vor | zu |

1. berichten *von + D. / über + A.*
2. sich fürchten
3. sich kümmern
4. sich erholen
5. sich freuen
6. sich interessieren
7. leiden
8. verzichten
9. sich bedanken
10. führen
11. warten
12. sich beschäftigen
13. sprechen
14. denken
15. sich verlieben

d Lesen Sie die Aussagen über den Leistungssport und ergänzen Sie die passenden Präpositionen, Artikel und Adjektive. `AB: B3c`

1. Reporter berichten *über* d *en* international *en* Wettkampf und interviewen die Athleten.
2. Im Stadion denkt jeder Athlet ____ s____ nächst____ Rennen.
3. Während der Wettkämpfe kümmern sich die Trainer ____ d____ aufgeregt____ Sportler.
4. Manche Sportler leiden sehr ____ ihr____ Nervosität.
5. Starke Nervosität kann ____ schlecht____ Leistungen führen.
6. Deshalb können die Sportler ____ e____ Sportpsychologen (Sg.) ____ i____ Ängste sprechen.
7. Nach jedem Wettkampf warten die Sportler ____ ihr____ Ergebnis.
8. Nach dem Wettkampf müssen sich die Sportler erst einmal ____ d____ groß____ Strapazen erholen.
9. Viele Athleten bedanken sich ____ ihr____ Fans ____ d____ Unterstützung.

4 Sich für Sport interessieren – Reflexive Verben

a Finden Sie die 10 reflexiven Verben im Arbeitsbuch 6B, 2b–3b. Erstellen Sie eine Liste der reflexiven Verben im Infinitiv. Notieren Sie ggf. auch die dazugehörigen Präpositionen. `AB: B5a`

sich rühmen,

b Reflexive Verben mit und ohne Akkusativ-Ergänzung. Ergänzen Sie die Konjugationstabelle wie im Beispiel. `AB: B5b`

	Reflexivpronomen im Akkusativ (ohne zusätzliche Akkusativ-Erg.)	Reflexivpronomen im Dativ (mit Akkusativ-Erg.)
ich	*kämme mich.*	*kämme mir die Haare.*
du		
er / sie / es		
wir		
ihr		
sie / Sie		

(v) c „Mir" oder „mich"? Lesen Sie Tims Mail an einen Freund und markieren Sie das passende Reflexivpronomen. AB: B 5 b–c

---

Hi Robert,

weißt du schon, dass ich [1] mich/mir gestern für die WM qualifiziert habe? Das war vielleicht ein tolles Gefühl! Seit Monaten habe ich [2] mich/mir nur auf diesen Wettkampf vorbereitet. Ich habe [3] mich/mir sogar neue Laufschuhe gekauft. Vor dem Wettkampf habe ich [4] mich/mir dann das neue Trikot angezogen. Ich dachte gleich, das bringt Glück. Ich habe [5] mich/mir dann sehr angestrengt und mein Bestes gegeben. Während des Marathons habe ich gemerkt, wie ich [6] mich/mir verbessert habe. Aber ich habe [7] mich/mir meine Zeit nicht gemerkt, weil ich so müde war. Nach dem Marathon bin ich schnell unter die Dusche gegangen. Als ich [8] mich/mir gerade die Haare waschen wollte, kam mein Trainer und brachte mir die tolle Nachricht. Heute Abend möchte ich richtig feiern! Kommst du mit? LG, Tim

---

5 Das neue Team stellt sich vor. – Die Position der Reflexivpronomen im Satz

(E) a Markieren Sie die reflexiven Verben in den Beispielsätzen. Lesen Sie dann die Regeln zur Wortstellung bei reflexiven Verben in Haupt- und Nebensätzen und ordnen Sie den Beispielen jeweils die passende Regel zu.

1. Viele Leute wenden sich Extremsportarten zu, weil sie etwas Aufregung in ihrem Leben brauchen. Regel: _1_

2. Im Internet kann man sich über die unterschiedlichen Sportarten informieren. Regel: ....

3. Es ist besonders wichtig, dass sich die Sportler gut um ihre Ausrüstung kümmern, denn davon kann ihr Leben abhängen. Regel: ....

4. Manchmal entscheiden sich die Leute auch in letzter Minute anders. Regel: ....

5. Aber davon erzählt kaum jemand, weil sie sich dafür schämen. Regel: ....

Im Hauptsatz steht das Reflexivpronomen in der Regel:
1. direkt hinter dem konjugierten Verb, wenn das Subjekt auf Position 1 im Satz steht.
2. vor oder nach dem Subjekt, wenn das Subjekt nicht auf Position 1 im Satz steht.
3. nach dem Pronomen, wenn das Subjekt ein Pronomen ist und nicht auf Position 1 im Satz steht.

Im Nebensatz steht das Reflexivpronomen in der Regel:
4. vor oder nach dem Subjekt, wenn das Subjekt ein Nomen ist.
5. nach dem Pronomen, wenn das Subjekt ein Pronomen ist.

(E) b Lesen Sie die Sätze und korrigieren Sie die falsche Satzstellung. Notieren Sie außerdem die jeweils zutreffende Regel aus 4a.

1. Sportler sich freuen sehr über einen gewonnenen Wettbewerb.   Regel: _1_

   Sportler freuen sich sehr über einen gewonnen Wettbewerb.

2. Oft sich rühmen sie besonderer Fähigkeiten.   Regel: ......

3. Nach dem Wettkampf sich bedanken die Sportler häufig bei ihren Fans.   Regel: ......

4. Es ist normal, dass die neuen Teammitglieder der Mannschaft sich vorstellen.   Regel: ......

5. Das Kennenlernen ist sehr wichtig, weil sie sonst aufregen sich.   Regel: ......

49

6 Paul zieht (sich) um. – Reflexive und nicht-reflexive Verwendung von Verben

E a Lesen Sie die Verben in der Tabelle und erklären Sie jeweils den Bedeutungsunterschied mit einem Beispielsatz. Benutzen Sie dazu ggf. ein Wörterbuch. `AB: B5a–b`

Verb	Bedeutung bei reflexiver Verwendung	Bedeutung bei nicht-reflexiver Verwendung
1. (sich) abtrocknen	*Er trocknet sich (selbst) die Hände mit einem Handtuch ab.*	*Er trocknet die Gläser ab. (Es wird nicht gesagt, für wen er das tut)*
2. (sich) erinnern		
3. (sich) umziehen		
4. (sich) vorstellen		
5. (sich) kaufen		

E b Lesen Sie das Gespräch zwischen zwei Fußballfans. Wo werden die Verben reflexiv bzw. nicht reflexiv gebraucht? Ergänzen Sie, wo nötig, das passende Reflexivpronomen.

Paul: Mensch Nils, [1] stell *dir* vor, morgen ist das große Spiel.

Nils: Richtig. Und wir haben auch schon unsere Tickets. Oh, aber da fällt mir ein, du musst deine Schwester [2] .... noch daran erinnern, dass sie [3] .... eine Karte kauft.

Paul: Ach ja. Das hat sie bestimmt vergessen. Sie hat im Moment so viel Stress, weil sie [4] .... gerade umgezogen ist. Sie hat [5] .... so viele neue Regale und Möbel gekauft, die räumt sie schon seit Tagen ein.

Nils: Gefällt es ihr denn in der neuen Wohnung?

Paul: Ja, sie ist zufrieden. Sie hat mir erzählt, dass die Nachbarn sehr nett sind. Ein paar von ihnen haben [6] .... ihr gleich am ersten Tag vorgestellt.

Nils: Das klingt doch gut.

Paul: Ja, das finde ich auch. Jetzt muss ich mich aber beeilen und [7] .... umziehen. Ich habe meiner Schwester versprochen, ihr noch ein bisschen zu helfen. Also, bis morgen.

Nils: Ja, bis dann. Und sag' Anna schöne Grüße von mir.

C Mit Routinen brechen

1 Wortschatz: Routine im Alltag

V
LB
62–64
Hören Sie die Umfrage im Lehrbuch 6C, 1a, noch einmal und ordnen Sie die Erklärungen den Begriffen zu. Arbeiten Sie ggf. mit dem Wörterbuch. `LB: C1a`

1. Routine
2. etwas routinemäßig machen
3. mit Routinen brechen
4. reine Routine sein
5. keine Routine haben
6. routiniert sein

A. erfahren sein
B. eine Tätigkeit ist nur noch Gewohnheit
C. etwas noch nicht lange machen, noch unerfahren sein
D. Gewohnheiten ändern
E. etwas immer wieder machen
F. Fähigkeit, bestimmte Tätigkeiten schnell und sicher auszuführen (durch Erfahrung möglich)

1. F
2. ☐
3. ☐
4. ☐
5. ☐
6. ☐

2 Routinen damals und heute – „der- / das- / dieselbe"

a Ergänzen Sie die Formen der von „der- / das- / dieselbe". `AB: C 2 c`

	m: der Sport	n: das Buch	f: die Küche	Pl: die Filme
N	*derselbe*	dasselbe	dieselbe	dieselben
A				
D				
G	desselben			derselben

b Vervollständigen Sie die Sätze in dem Kommentar. Beachten Sie dabei auch die Regeln im Arbeitsbuch 6 C, 2 c.

Menschen verändern sich: Familienmitglieder, Freunde und natürlich auch Sie selbst. Überlegen Sie einmal: Mögen Sie heute noch [1] *dasselbe* Essen wie früher? Oder hören Sie jetzt noch [2] .... Musik wie damals? Veränderungen können Angst machen, denn das Bekannte hat viele Vorteile. Wenn Sie zum Beispiel immer [3] .... Weg zur Arbeit nehmen, können Sie ihn fast im Schlaf laufen oder fahren. Aber wenn Sie einmal gezwungen sind, einen neuen Weg zu nehmen, dann werden Sie viele neue Dinge entdecken, z. B. ein neues Restaurant. Und manchmal sind Routinen auch langweilig. Können Sie sich etwa vorstellen, immer [4] .... Kleidung zu tragen? Wollen Sie jeden Abend [5] .... Filme und Serien im Fernsehen sehen? Wollen Sie immer wieder [6] .... Krimi lesen? Oder beschäftigen Sie sich immer wieder gern mit [7] .... Problem? Nein? Dann nichts wie raus aus der Routine!

3 Heute ist alles anders! – Die Negation

a „Nicht" oder „kein"? Ergänzen Sie die Sätze. `LB: C 2–3 + AB: C 3 b`

1. Ich habe *keine* .... Lust, immer das Gleiche zu machen.
2. Heute will ich mal .... früh aufstehen. Ich will lieber ausschlafen.
3. Heute lese ich .... Buch, heute schaue ich fern.
4. Morgen werde ich auch .... zum Sport gehen. Ich gehe mit Freunden ins Kino.
5. Meine Kleidung ist jetzt auch .... mehr schwarz, sondern bunt.
6. Ich will .... Langeweile mehr in meinem Leben.

b Lesen Sie die Sätze und verneinen Sie die unterstrichenen Satzteile.

1. Die meisten Menschen gestalten ihren Alltag <u>mit</u> der Hilfe von Routinen.

   Die meisten Menschen gestalten ihren Alltag ohne die Hilfe von Routinen.

2. Viele Leute essen zum Beispiel <u>immer</u> das Gleiche zum Frühstück.

   ....

3. Die meisten Menschen sind im Alltag sehr <u>höflich</u>.

   ....

4. Aber ich möchte mein Leben <u>ändern</u>.

   ....

5. <u>Mein Alltag gefällt mir</u>.

   ....

„Dasselbe" und „das Gleiche"

- „Dasselbe" bedeutet etwas ist identisch bzw. genau gleich, z. B. Sie trägt denselben Pullover wie ich. (= Der Pullover sieht ganz genauso aus wie meiner.)
- „Das Gleiche" bedeutet etwas ist sehr ähnlich, z. B. Sie trägt den gleichen Pullover wie ich. (= Er hat den gleichen Schnitt, aber vielleicht eine andere Farbe.)
- Achtung: Die Formen von „dasselbe" werden zusammengeschrieben. Die Formen von „das Gleiche" getrennt.

v c **Sonderformen der Negation. Vervollständigen Sie den kurzen Artikel mit den Angaben aus dem Schüttelkasten.** `AB: C3d`

> Achtung: „niemand" wird dekliniert, z.B. Ich sehe hier niemanden.

| noch nicht | nicht mehr | ~~keiner~~ | nie (2x) | niemand (2x) | nirgendwo | nichts | wenig | nirgendwohin |

Sag niemals nie! – Raus aus der Routine!

[1] *Keiner* .... gibt gern zu, dass der eigene Alltag langweilig ist. Aber wenn man bemerkt, dass der

Alltag [2] .... aufregend ist, dann sollte man unbedingt etwas unternehmen. Besonders dann,

wenn man feststellt, dass einem [3] .... Spaß macht und man [4] ....

Abwechslung hat, muss man etwas ändern. Wichtig ist, [5] .... aufzugeben und sich von

[6] .... einreden zu lassen, dass es unmöglich ist, etwas zu ändern. Man sagt zwar, dass es

[7] .... schöner ist als zu Hause, aber manchmal muss ein Ortwechsel einfach sein. Wenn Sie

immer in den eigenen vier Wänden bleiben und [8] .... fahren, dann fällt Ihnen die Decke auf

den Kopf. Da kann Ihnen [9] .... helfen – nur Sie sich selbst. Deshalb sollte man sich auch im

hohen Alter noch sagen: „Nur [10] .... den Kopf in den Sand stecken, denn für Veränderungen

ist man auch dann [11] .... zu alt."

D Wissensdurst

1 Richtig schreiben: Groß- und Kleinschreibung

E a **Lesen Sie die folgenden Regeln zur Groß- und Kleinschreibung und ordnen Sie den Regeln die Beispiele aus dem Schüttelkasten zu.**

| das Wissen | der Große Bär | etwas Schönes | Es gibt oft … | die Entwicklung | der Kleine Wagen | Ich finde es schwierig, wenn … | ~~die Berührung~~ | heute Morgen | …, dass sie am schönsten ist. | gestern Abend | … ist am teuersten. | die Gleichheit | alles Gute |

1. Alle Substantive werden großgeschrieben.

   Beispiele: *die Berührung,*

2. Alle Satzanfänge werden großgeschrieben.

   Beispiele: ....

3. Alle Eigennamen werden großgeschrieben.

   Beispiele: ....

4. Substantivierte Verben und Adjektive werden großgeschrieben.

   Beispiele: ....

5. Tageszeitangaben nach Adverbien werden großgeschrieben.

   Beispiele: ....

6. Superlative mit „am" nach denen man mit „Wie?" fragen kann, werden kleingeschrieben.

   Beispiele: ....

b Groß oder klein? Lesen Sie den Beitrag aus einem Gesundheitsratgeber und korrigieren Sie ihn. Beachten Sie dabei die Regeln aus 1a.

G
gestern abend hat paul an der tür gelauscht und ein geheimnis erfahren. jetzt ist er sich nicht sicher,

ob er es jemandem erzählen oder lieber den mund halten soll. eine solche situation haben die meisten von

uns schon erlebt. sie ist sicherlich sehr unangenehm. ist neugier also nun gut oder schlecht? diese frage

lässt sich leider nicht klar beantworten. zwar gibt es viele sprichwörter, die sagen, dass neugier eine schlechte

charaktereigenschaft ist, die uns auch in schwierigkeiten bringen kann, aber forscher haben herausgefunden,

dass neugierige länger leben. wichtig ist, neuem aufgeschlossen und interessiert gegenüberzustehen. fangen

wir schon heute damit an!

E Literatur entdecken

1 Nach dem Vortrag – Redemittel

Ordnen Sie die Redemittel im Lehrbuch 6 E, 3 c, den folgenden Kategorien zu. **LB: E3c**

1. Nachfragen bei Interesse: *Darf ich noch etwas zu … fragen?;*

2. Nachfragen bei Unverständnis:

3. Nach der Meinung fragen:

F (Meine) Entdeckungen

1 Auf in die Welt! – Nomen-Verb-Verbindungen

Nomen und Verb. Was passt zusammen? Ordnen Sie zu. **LB: F2a**

1. eine Erbschaft	A. ziehen	1. C
2. Träume	B. unternehmen	2.
3. in die Welt	C. machen	3.
4. Expeditionen	D. steigen	4.
5. Pflanzen	E. verwirklichen	5.
6. Forschungsergebnisse	F. erforschen	6.
7. Gebiete	G. lehren	7.
8. auf einen Gipfel	H. bestimmen	8.
9. an der Universität	I. auswerten	9.

Nomen-Verb-Verbindungen sind relativ feste Kombinationen von Nomen und Verben, die häufig gemeinsam vorkommen. Es lohnt sich also, sie als Verbindung zu lernen.

参考答案 Lösungen

Kapitel 1

1A Ankommen

1a Foto A: Dorf, traditionelle Kleidung, Schüsseln • **Foto B:** förmlich, Hand geben, schick • **Foto C:** entspannt, Gepäckwagen, Urlaub • **Foto D:** anreichen, hochheben, Karton • **Foto E:** Hörsaal, konzentriert, mitschreiben • **Foto F:** hochreißen, jubeln, Ziellinie

1b *Mögliche Lösungen:* **Foto A:** … Sie haben bunte traditionelle Kleider an und tragen Schüsseln auf dem Kopf. In der Mitte steht eine junge Frau. Sie kommt vermutlich nicht aus Afrika. Vielleicht arbeitet sie für ein Hilfsprojekt. Im Hintergrund sieht man Land. Die Personen leben vielleicht in einem afrikanischen Dorf. • **Foto B:** Man sieht drei Menschen in einem Firmengebäude. Sie sind sehr schick angezogen. Eine Frau gibt einem Mann die Hand. Die Situation ist sehr förmlich. Vielleicht ist die junge Frau im Vordergrund zu einem Bewerbungsgespräch eingeladen. • **Foto C:** Man sieht im Vordergrund ein Paar. Sie sehen entspannt und glücklich aus. Vielleicht kommen sie gerade an einem Urlaubsort an, denn sie schieben einen Gepäckwagen. Im Hintergrund sieht man das Ankunftsschild auf einem Flughafen. • **Foto D:** Auf dem Foto sieht man eine junge Frau und einen jungen Mann. Sie heben einen großen Karton hoch. Im Hintergrund sieht man eine offene Tür und weitere Kartons. Vermutlich ziehen die beiden um. • **Foto E:** Auf dem Foto sind viele Studenten. Sie sitzen in einem Hörsaal. Sie sind sehr konzentriert und schreiben mit. • **Foto F:** Im Vordergrund sieht man eine Läuferin, die gerade durch die Ziellinie läuft. Sie hat vermutlich gewonnen, denn sie reißt die Arme hoch und jubelt. Links hinter ihr kommt eine weitere Läuferin. Sie sind auf einem Sportplatz. Vermutlich haben sie an einem Wettlauf teilgenommen.

2a 2. schon • 3. Bescheid • 4. Nachricht • 5. wenn • 6. geschrieben • 7. wie • 8. Tipps

2b Liebe Analynn,

vielmals Dank für deine Mail! Schön, dass du mir geschrieben hast. Ich kann mir gut vorstellen, wie es dir gerade geht. Du fühlst dich bestimmt nicht wohl, so ganz allein in einem fremden Land. So etwas habe ich auch schon erlebt. Ich habe ja mal ein dreimonatiges Praktikum im Ausland gemacht, aber zum Glück habe ich damals Hilfe bekommen. Dadurch war vieles einfacher für mich, als es jetzt für dich ist. Wir hatten einen persönlichen Ansprechpartner in der Firma, an den wir uns wirklich jederzeit wenden konnten. Das war super. Ich möchte dir heute paar Tipps geben: Frag mal deine Kollegen, was sie unternehmen. Vielleicht kannst du mitmachen. Du kannst auch zu einem Sportverein gehen. Du spielst doch gerne Volleyball. Da gibt es bestimmt nette Leute. Es ist sicher nicht leicht, aber mach dir keine Sorgen! Das braucht Zeit. Hast du Lust, bald mal zu telefonieren? Sag mir doch einfach kurz Bescheid. Melde dich, wenn / wie ich noch etwas für dich tun kann. LG, Brit

1B Willkommen in Deutschland!

1a *Mögliche Lösungen:*

	Position 1	Position 2		Satzende
1.	Wir	sind	früh am Morgen mit dem Zug nach Berlin	gefahren!
2.	Aber morgen	setze	ich meinen Bericht	fort.
3.	Leider	konnten	wir nicht ins Gebäude	gehen, …
4.	So, jetzt	werd'	ich mal Schluss	machen.

1b 2. Zuerst sehe ich mir den Kölner Dom an. • 3. Außerdem will ich ins Museum Ludwig gehen. • 4. Bei meinem letzten Ausflug bin ich im Schokoladenmuseum gewesen. • 5. Heute werde ich durch die Geschäfte in der Innenstadt bummeln. • 6. Am späten Abend muss ich wieder zu Hause sein.

1c …, aber ich habe schon gute Freunde gefunden. Und meine Freunde haben mir etwas ganz Besonderes zum Geburtstag geschenkt: Morgen werden wir einen großen Ausflug machen. Wir bleiben sogar über Nacht weg. Meine Freunde haben mir nicht gesagt, wohin wir fahren. Es soll eine Überraschung sein. Ich kann bestimmt nicht gut schlafen, weil ich nur eine Frage im Kopf habe: Wo werden wir hinfahren? Morgen fahren wir ganz früh los, und wir wollen im Zug noch mal ein bisschen schlafen. Wenn wir aufwachen, dann fährt der Zug bestimmt schon in den Bahnhof ein …

1d Ich habe zum ersten Mal ein echtes Schloss gesehen. Ich habe mich wie im Märchen gefühlt und eine Menge Fotos gemacht. Ich habe viele neue Eindrücke gesammelt. Abends bin ich erschöpft gewesen und glücklich zurückgefahren.

2a W-Fragen

	Position 1	Position 2		Satzende	Regel
2.	Wann	bist	du zum ersten Mal in Deutschland	gewesen?	1b
3.	Wie	füllt	man dieses Anmeldeformular	aus?	1a

Ja- / Nein-Fragen

	Position 1	Position 2		Satzende	Regel
					2c
2.	Ziehst	du	zum ersten Mal	um?	2a
3.	Hast	du	schon mal ein Auslandspraktikum	gemacht?	2b

2b 2. Wie viele Freunde hast du (eigentlich)? • 3. Telefonierst du (eigentlich) oft mit deinen Eltern? • 4. Musst du morgens nicht früh aufstehen? • 5. Wann sind (eigentlich) deine Prüfungen?

2c 2. Wollten Sie in einem Sportverein trainieren? • 3. Wie hast du dich im Deutschkurs gefühlt? • 4. Ladet ihr Nachbarn zu eurer Einweihungsparty ein? • 5. Werden sie wirklich zusammen in die Ferien fahren? • 6. Wer kann bei Reparaturen in der Wohnung helfen? • 7. Wann kam sie von der Uni zurück? • 8. Was werdet ihr am Wochenende unternehmen? • 9. Wollte er Freunde in Berlin besuchen? • 10. Wirst du ein Auslandspraktikum machen?

3 2. Geh doch mal ins Stadttheater. • 3. Stell dich doch den Nachbarn vor. • 4. Lade mal Kollegen zum Kaffee ein. • 5. Nimm doch an einer Stadtführung teil. • 6. Schau mal im Sportverein vorbei.

1C Neu an der Uni

1a

Schule:	Schule / Universität:	Universität:
die Herbstferien, -; die Klasse, -n; der Klassensprecher, -; das Lehrerzimmer, -; die Mitschülerin, -nen; der Schulhof, ˝e	die Bibliothek, -en; die Mensa, Mensen; das Referat, -e; der Stundenplan, ˝e; die Tutorin, -nen; das Zeugnis, -se	der Dozent, -en; die Fachschaft, -en; der Hörsaal, -säle; das Prüfungsamt, ˝er; das Seminar, -e; das Semester, -

1b Studien, Studierende, Studentin, studiert, Studium, Studierender

1c

Singular:	Plural:
der Studierende / die Studierende; das Studium; die Studentin; ein Studierender	die Studierenden; die Studien; die Studentinnen; Studierende

1D Der erste Eindruck

1a frustriert • abweisend • nachdenklich • zurückhaltend • schüchtern

1b 2. reichen • 3. einschätzen • 4. erlöschen • 5. angeben • 6. Proband • 7. Wahrnehmung • 8. umfassend

1E Bei anderen ankommen

1a / 2a Gestern bin ich zum ersten Mal zu einem Tanzkurs gegangen (,) und es hat mir echt Spaß gemacht! Als ich mich angemeldet habe, war ich ja schon etwas skeptisch: In so einen Kurs gehen doch bestimmt nur ältere Leute (,) oder es kommen nur jüngere, die für ihren Schulball tanzen lernen wollen. Ich wollte nicht für einen Ball oder für eine Hochzeitsfeier tanzen lernen, sondern es interessiert mich einfach total. Natürlich habe ich vorher auch Freunde gefragt, aber sie hatten überhaupt keine Lust mitzukommen. Ich finde das jetzt nicht so schlimm, denn gestern Abend habe ich sofort ein paar nette Leute kennengelernt und mich richtig wohlgefühlt.

1b 2. In den Kurs kommen nur Ältere oder Schüler. • 3. Man tanzt dort klassische Tänze oder Modern Dance. • 4. Man trifft dort viele Singles und Pärchen. • 5. Alle lernen neue Menschen kennen und haben viel Spaß.

2b 2. Jeden Dienstag gehe ich zum Sport, aber diesen Dienstag muss ich lange arbeiten. • 3. Mein Nachbar hilft mir oft im Haus, denn er war früher Elektriker von Beruf. • 4. Zoe will nicht immer ausgehen, sondern auch mal zu Hause bleiben. • 5. Kommst du heute zum Kaffee (,) oder besuchst du mich morgen?

3a

Hauptsatz	Nebensatz		
	Nebensatzkonnektor	Mittelfeld	Satzende
2. Wir hatten ja noch telefoniert,	weil	ich dir ein bisschen von ihm	erzählen wollte.
3. Tom hat mir erzählt,	dass	er eine Freundin	hat!
4. Ich war so frustriert,	dass	ich sofort aufgelegt	habe.

Nebensatz			Hauptsatz		
Pos. 1: Nebensatzkonnektor	Mittelfeld	Satzende Verb vom NS	Pos. 1 vom HS Verb vom HS	Mittelfeld	Satzende
6. Damit	ich auf andere Gedanken	komme,	habe	ich später noch kurz mit Tom	telefoniert.
7. Dass	ich ihn ziemlich süß	finde,	weißt	du ja.	
8. Wenn	du Zeit	hast,	dann melde	dich.	

3b 2. Weil ich dir ein bisschen von ihm erzählen wollte, hatten wir ja noch telefoniert. • 3. Dass er eine Freundin hat, hat Tom mir erzählt. • 5. Nebensätze mit „so … dass / sodass" können nicht vor dem Hauptsatz stehen. • 6. Ich habe später noch kurz mit Tom telefoniert, damit ich auf andere Gedanken komme. • 7. Du weißt ja, dass ich ihn ziemlich süß finde. • 8. Dann melde dich, wenn du Zeit hast.

4a 2a / b. so … dass • 3a / b. so … dass • 4. dass • 5. sodass • 6. sodass

4b 2. sondern • 3. weil • 4. denn • 5. aber • 6. weil

1F Endlich an(ge)kommen

1a

F	P	K	E	V	E	P	Ö	F	R	E	M	D	S	P	R	A	C	H	E
R	T	U	R	E	U	V	E	R	T	R	A	U	E	N	S	V	O	L	L
E	V	P	F	R	E	M	D	E	N	Z	I	M	M	E	R	R	T	U	M
M	O	Ü	R	T	A	H	B	M	X	Z	R	V	E	R	F	J	Ö	W	Q
D	R	F	L	R	R	C	Ö	D	I	W	Q	C	K	F	R	E	M	D	E
E	T	Q	G	A	P	V	E	R	T	R	A	U	T	H	E	I	T	I	M
L	R	R	D	U	A	C	Z	N	B	E	F	R	E	M	D	L	I	C	H
N	L	U	Y	T	P	J	F	V	E	R	T	R	A	U	E	N	A	A	R
V	E	R	T	R	A	U	E	N	S	V	E	R	H	Ä	L	T	N	I	S
A	K	O	I	V	E	R	T	R	A	U	L	I	C	H	N	S	Z	P	E

1b

Nomen	Verben	Adjektive
die Fremdsprache, die Fremde, die Vertrautheit, (das Vertrauen), das Vertrauensverhältnis	fremdeln, vertrauen	fremd, befremdlich, vertrauensvoll, vertraulich

Kapitel 2

2A Guten Appetit!

1a Einen Plural bekommen: 2 ½ Päckchen (Pluralform ist identisch mit dem Singular) • ½ Kilo Rosinen • 200 Gramm Mandeln • 2 Eier • **Regel:** 1. Zutaten, die man nicht zählen kann, wie z. B. Mehl, Zucker, etc. haben keinen Plural. • 2. Zählbare Zutaten bekommen einen Plural. • 3. Die Mengenangaben Gramm / Kilo(gramm) / Liter / Stück werden nicht in den Plural gesetzt.

1b 2. erwärmen • 3. verrühren • 4. hinzugeben • 5. verkneten • 6. gehen lassen • 7. formen • 8. backen

2a B. der Schneebesen, - • C. der Nussknacker, - • D. der Dosenöffner,- • E. der Kartoffelschäler, - • F. der Messbecher, - • G. die Käsereibe, -n • H. das Schneidebrett, -er

2b 2. … einen Nussknacker • 3. … ein Schneidebrett • 4. … einen Schneebesen • 5. … einen Dosenöffner • 6. … einen Messbecher

3a 2. 37% • 3. 31% • 4. 43% • 6. 75%

3b 2. Mehr als ein Viertel • 3. weiniger als ein Fünftel • 4. 7 • 5. 2

3c 1. wie man sich gesund ernähren soll. • 2. www.freetheweek. com • 3. Obst und Gemüse • 4. Pyramide • 5. 2014

3d B. Kreisdiagramm • C. Liniendiagramm • Säulendiagramm

2B Das sieht ja lecker aus!

1 2. + • 3. + • 4. – • 5. –

2a

Indikativ		Imperativ informell		Imperativ formell
2. du läufst	ihr lauft	Lauf!	Lauft!	Laufen Sie!
3. du trägst	ihr tragt	Trag(e)!	Tragt!	Tragen Sie!
4. du siehst	ihr seht	Sieh!	Seht!	Sehen Sie!
5. du stößt	ihr stoßt	Stoß(e)!	Stoßt!	Stoßen Sie!
6. du sprichst	ihr sprecht	Sprich!	Sprecht!	Sprechen Sie!
7. du empfiehlst	ihr empfehlt	Empfiehl!	Empfehlt!	Empfehlen Sie!

Regel: 1a • 2b

2b 2. Sieh • 3. Nimm • 4. Iss • 5. Trag(e) • 6. Sprich

3a

Position 1			
2. Ernährt	euch	gesund!	
3. Lest	doch	Werbeprospekte!	
4. Kaufen	Sie	regionale Lebensmittel	ein!
5. Informieren	Sie	sich über neue Produkte!	
6. Probier	sie	mal!	

Regeln: 1. Sätze: 4 • 2. Satz: 3 • 3. Satz: 6 • 4. Satz: 2 • 5. Satz: 5

3b 2. Kauft doch mal bewusst ein! • 3. Bereiten Sie saisonales Obst oder Gemüse zu! • 4. Kaufen Sie es doch frisch auf dem Markt! • 5. Informieren Sie sich über Sonderangebote! • 6. Legt euch Vorräte an.

2C Tipps für den Gast

1 2. Eindruck • 3. unterschiedlich • 4. Anlass • 5. beachten • 6. gilt • 7. Aufmerksamkeiten • 8. beliebt • 9. ratsam

2D Die Wegwerfgesellschaft

1a

	haben	sein	werden
ich	hätte	wäre	würde
du	hättest	wär(e)st	würdest
er / sie / es	hätte	wäre	würde
wir	hätten	wären	würden
ihr	hättet	wär(e)t	würdet
sie / Sie	hätten	wären	würden

1b 2. hätte • 3. wäre • 4. würdest • 5. Hättest • 6. hätte • 7. würde • 8. würde • 9. hätte • 10. Wäre

1c *Mögliche Lösungen:* 2. Würden Sie die Musik bitte leiser stellen? / Wären Sie so freundlich, die Musik leiser zu stellen? • 3. Würden Sie mir bitte Salz und Pfeffer bringen? / Wären Sie so freundlich, mir Salz und Pfeffer zu bringen? • 4. Ich hätte gern Pasta statt Reis. / Würden Sie mir bitte Pasta statt Reis bringen? • 5. Ich hätte gern noch einmal die Karte! / Würden Sie mir bitte noch einmal die Karte bringen? • 6. Ich hätte gern die Rechnung. / Würden Sie mir bitte die Rechnung bringen?

2a

Infinitiv	Präteritum	Konjunktiv II
2. lassen	du ließest	du ließest
3. wissen	er wusste	er wüsste
4. heißen	sie hieß	sie hieße
5. gehen	es ging	es ginge
6. bekommen	wir bekamen	wir bekämen
7. finden	ihr fandet	ihr fändet
8. nehmen	sie nahmen	sie nähmen

2b 2. würde • 3. würde • 4. wäre • 5. Gäbe • 6. wüsstet • 7. ließe • 8. fändet • 9. Hättet • 10. hättet • 11. bekäme

2c 2. Gäbe es doch weniger Umweltverschmutzung! • 3. Würden doch alle Menschen in Frieden leben! • 4. Bekämen wir doch einen Studienplatz! • 5. Fänden wir doch mehr Zeit für unsere Familien!

3a 2. Ihr könntet doch die doppelte Menge einer Mahlzeit kochen und etwas für später einfrieren. • 3. Du könntest Reste verwerten und daraus leckere Gerichte zaubern. • 4. Sie sollten auch einmal Getreidesorten wie Couscous mit einer kurzen Garzeit probieren. • 5. Sie sollten auf eine fettarme Zubereitung der Speisen achten.

3b 2a/b könntest … ausprobieren • 3. wäre • 4. hättest • 5a/b müsstest … verschwenden • 6a/b könntest … bekommen • 7. wüsste

3c 2. Wir raten euch, die doppelte Menge einer Mahlzeit zu kochen und etwas für später einzufrieren. • 3. Ich würde dir vorschlagen, Reste zu verwerten und daraus leckere Gerichte zu zaubern. • 4. Der Ernährungsberater empfiehlt Ihnen, auch einmal Getreidesorten wie Couscous mit einer kurzen Garzeit zu probieren. • 5. Eine weitere Empfehlung ist, auf eine fettarme Zubereitung der Speisen zu achten.

2E Berufe rund ums Essen

1a Man sollte Tipp 1, 3, 6 befolgen.

1b *Mögliche Lösung:*

> Suche Partner / in für Tandem Arabisch / Deutsch
> 1 x proWo. im Café Schönhaus. Spreche Deutsch (B1),
> Kontakt: tamernader@gmel.fr

2 2. Mich würde interessieren, seit wann du schon in Deutschland bist. • 3. Weißt du vielleicht, ob ich ein Buch brauche? • 4. Kannst du mir sagen, ob du schon Erfahrung mit Tandem-Lernen hast? • 5. Außerdem möchte ich gern wissen, wo das Café Schönhaus liegt.

2F Lebensmittel – Gestern und heute

1 2c • 3a • 4c • 5b • 6a

2a 2. Regel 1e • 3. Regel 1d • 4. Regel 1d • 5. Regel 2a • 6. Regel 1a • 7. Regel 1b • 8. Regel 1c • 9. Regel 2b

2b 2. Te-le-fon • 3. An-zei-ge • 4. Über-ra-schung • 5. wür-dest • 6. Emp-feh-lung • 7. Spiel-zeug • 8. Gast-ge-schenk

Kapitel 3

3A Wie die Zeit vergeht

1a

F	S	E	G	E	L	B	A	Z	B
T	C	A	E	Ö	K	R	A	N	A
Ö	H	C	B	R	L	Ü	O	H	U
Q	I	T	Ä	D	A	C	H	K	S
K	F	O	U	R	N	K	Q	J	T
I	F	R	D	O	M	E	U	M	E
R	P	A	E	J	A	T	F	I	L
C	Y	M	T	Z	S	W	E	K	L
H	P	C	I	L	T	U	R	M	E
E	G	F	L	U	S	S	Ü	E	F

1b *Mögliche Lösung:* Im Vordergrund sieht man den Fluss, also den Rhein. Rechts sieht man ein Segelschiff. Am Ufer steht die Stadtmauer mit einem großen Tor. Es sieht aus wie eine Brücke. Hinter der Mauer sieht man die vielen Kirchtürme und die Dächer von den anderen Gebäuden. Man kann auch den Kran von der Baustelle am Dom erkennen. Links steht ein großer Turm.

2a 1b, Zukunft, • 2b, Gegenwart • 3c, Vergangenheit • 4c, Zukunft • 5d, Gegenwart

2b 2. Derzeit besuchen Millionen Touristen die Stadt. / Millionen Touristen besuchen derzeit die Stadt. • 3. Bald werde ich den Dom besichtigen. / Ich werde bald den Dom besichtigen. • 4. In Zukunft wird die Stadt Köln mehr Wohnungen bauen. / Die Stadt Köln wird in Zukunft mehr Wohnungen bauen. • 5. In letzter Zeit hat der Autoverkehr in Köln ständig zugenommen. / Der Autoverkehr in Köln hat in letzter Zeit ständig zugenommen.

3B Kindheitserinnerungen

1a

Regelmäßige Verben	Unregelmäßige Verben
benutzen, errichten, führen, gründen, siedeln, verbessern, verhindern, vorstellen	beginnen, entstehen, gefallen, laufen, liegen, stattfinden, verlieren, unternehmen

1b

	Präsens	Perfekt	Präteritum	Plusquamperfekt
2.		du hast zugemacht		du hattest zugemacht
3.	sie bauen		sie bauten	
4.		ich habe gelernt		ich hatte gelernt
5.	ihr schickt		ihr schicktet	
6.		wir haben gehört		wir hatten gehört

1c

	Infinitiv	Präsens	Präteritum	Perfekt
2.	lesen	du liest	du last	du hast gelesen
3.	nehmen	er nimmt	er nahm	er hat genommen
4.	beginnen	wir beginnen	wir begannen	wir haben begonnen
5.	bekommen	ihr bekommt	ihr bekamt	ihr habt bekommen
6.	verstehen	sie / Sie verstehen	sie / Sie verstanden	sie / Sie haben verstanden

2a

Perfekt mit „sein"		Perfekt mit „haben"
Verben der Bewegung	Verben der Veränderung	
klettern, kommen, laufen, rennen	einschlafen, werden, wachsen	ausgeben, bekommen, einkaufen, einschalten

2b

ohne „ge-" / „-ge-"	mit „ge-" / „-ge-"
beschrieben, bestellt, entstanden, erteilt, formatiert, funktioniert, genossen, notiert, studiert, verteilt, verwendet	aufgetreten, ausgestellt, gebraucht, eingetragen, gelernt, gewechselt

2c 2. Zuerst haben wir eine Rundfahrt gemacht. • 3. Natürlich haben wir auch am Dom angehalten. • 4. Der Stadtführer hat viel über Köln erzählt. • 5. Wir haben erfahren, dass die Bevölkerungszahl im letzten Jahr gesunken ist. • 6. Wir haben außerdem gehört, dass die Mieten sehr teuer geworden sind. • 7. Später sind wir in ein typisches Restaurant gegangen. • 8. Wir haben viele Kölner Spezialitäten bestellt.

2d 2. saßen • 3. hereinkam • 4. sahen • 5. fiel • 6. stand • 7. half • 8. erfuhr

2e 2. Im 13. Jahrhundert begann der Bau des Kölner Doms. • 3. Zu allen Zeiten gehörten große Baustellen zum Stadtbild. • 4. Vor 50 Jahren fuhren nicht so viele Autos in der Innenstadt. • 5. Vor einigen Jahren stürzte das Stadtarchiv ein.

3 … ein Kunstwerk in den Müll geworfen. Die Skulptur aus Pappe und Aluminium war ca. 25 Zentimeter hoch und hat neben dem Eingang zum großen Ausstellungsraum gestanden. Die Reinigungskraft hat die Skulptur für eine leere Fast-Food-Verpackung gehalten. Die Museumdirektion hat das Versehen bedauert. Die Reinigungskraft war für die Presse gestern Nachmittag nicht erreichbar. Der Künstler selbst hat es mit Humor genommen. …

4a 2. Ich ging zuerst in den Dom, nachdem ich am Hauptbahnhof einen Reiseführer gekauft hatte. • 3. Ich kehrte in eine typische Kölner Kneipe ein, nachdem ich das Schokoladenmuseum besucht hatte. • 4. Ich machte einen langen Stadtbummel, nachdem ich einen Sauerbraten probiert hatte. • 5. Am späten Abend fuhr ich wieder nach Hause, nachdem ich noch ein Foto vom beleuchteten Dom gemacht hatte.

4b 2. Bevor ich den Dom besucht habe, habe ich am Hauptbahnhof einen Reiseführer gekauft. • 3. Bevor ich in eine typische Kölner Kneipe eingekehrt bin, habe ich das Schokoladenmuseum besucht. • 4. Bevor ich einen langen Stadtbummel gemacht habe, habe ich einen Sauerbraten probiert. • 5. Bevor ich am späten Abend wieder nach Hause gefahren bin, habe ich noch ein Foto vom beleuchteten Dom gemacht.

4c 2. Während ich mit der S-Bahn zum Schokoladenmuseum fahre, bekomme ich großen Hunger. • 3. Während ich Schokolade probiert habe, habe ich Zahnschmerzen bekommen. • 4. Während ich den Kölner Dom anschaute, vergaß ich die Schmerzen. • 5. Während ich im Zug nach Hause sitze, mache ich einen Zahnarzttermin.

4d 2. Während • 3. Nach • Währenddessen • 4. vor • 5. danach

3C Pünktlich auf die Minute

1a 2A, 3D, 4B, 5C

1b 3. einhalten (Zeile 29) • 4. registrieren (Zeile 33) • 5. erscheinen (Zeile 44) • 6. erledigen (Zeile 52)

1c *Mögliche Lösungen:* 2. Unter „verankert sein" versteht man, dass etwas fest gesichert / verbunden mit etwas anderem ist. • 3. Mit „einhalten" meint man, dass man sich an Vorgaben / Regeln / Pläne hält, sie also beachtet. • 4. Das Wort „registrieren" bedeutet hier etwas bemerken, zur Kenntnis nehmen. • 5. Das Wort „erscheinen" drückt hier aus, dass jemand kommt, auftaucht. • 6. Mit „erledigen" meint man etwas abschließen, etwas beenden.

3D Keine Zeit

1 1. jmd. Zeit rauben / schenken / stehlen • 2. die Zeit rennt / steht still / vergeht

2a 1. zu • 2. so

2b 2. zu • 3. so • 4. zu • 5. so

3a 2. sparen • 3. absprechen • 4. packen • 5. herauskommen • 6. ändern • 7. verringern • 8. machen • 9. kennen • 10. entdecken • 11. umsetzen • 12. vermeiden • 13. hetzen • 14. verplanen • 15. lassen • 16. geraten • 17. eintragen • 18. nehmen

3b *Mögliche Lösungen:* 2. Wie kann ich Zeit sparen? • 3. Wir müssen noch unsere Termine absprechen. • 4. Ich möchte weniger Aufgaben in den Alltag packen. • 5. Wie komme ich aus der Spirale raus? • 6. Du solltest deine Einstellung ändern. • 7. Ich muss das Tempo bei der Arbeit verringern. • 8. Man muss auch mal Pause machen. • 9. Man sollte seine Grenzen kennen. • 10. Entdecke deinen eigenen Rhythmus! • 11. Ich kann diese Forderungen nicht umsetzen. • 12. Unser Chef möchte Stress vermeiden. • 13. Im Büro hetze ich von Termin zu Termin. • 14. Man sollte nicht den ganzen Tag verplanen. • 15. Man sollte sich täglich ein freies Zeitfenster lassen. • 16. Am Ende des Projektes gerate ich immer wieder in Zeitnot. • 17. Ich trage seinen Geburtstag in den Kalender ein. • 18. Man sollte seine eigenen Bedürfnisse ernst nehmen.

3E Zeitreisen

1b Wird … stehen (Futur I) • wird … geben (Futur I) • wird … saniert (Passiv Präsens) • werden … ersetzt (Passiv Präsens) • wird (Vollverb) • wird … besichtigen können (Futur I) • wird (Vollverb) • wird … gefeiert (Passiv Präsens) • begonnen wurde (Passiv Präteritum) • wird … geben (Futur I)

2 1. Z • 2. V • 3. Z • 4. V • 5. G

3a Centrum – Zentrum • cirka – zirka • potentiell – potenziell • Potential – Potenzial • Biographie – Biografie • photogen – fotogen • Mikrophon – Mikrofon

3b 2. Zitrusfrucht • 3. Kabrio • 4. substanziell • 5. Zentrum • 6. Fotograf • 7. Kasino • 8. Grafik

3F Schöne Zeiten

1a 2. g • 3. k • 4. l • 5. a • 6. m • 7. o • 8. e • 9. d • 10. i • 11. c • 12. n • 13. h • 14. j • 15. b

1b 2. Die erste Zeit (gemischte Gefühle) • 3. neue Eindrücke / neue Erfahrungen • 4. (besondere) Erlebnisse • 5. Fazit

1c 2. Ein Praktikum in traumhafter Umgebung

Kapitel 4

4A Einer für alle…

1 2A • 3F • 4B • 5C • 6D

2 2. Vertreter aus allen Klassen bilden eine Arbeitsgruppe, um das gemeinsame Projekt zu planen. • 3. Schüler und Lehrer treffen sich oft, um gute Vorschläge zu sammeln. • 4. Die Schulleiterin ruft die Gärtnerei an, um sich über die Verschönerung des Schulhofs zu informieren. • 5. Die Gärtnereimitarbeiter kommen, um mit der Arbeit anzufangen. • 6. Später machen die Schüler Fotos, um den neu gestalteten Schulhof im Internet vorzustellen.

4B Ehrensache!

1a 1b • 2c • 3a • 4c • 5a • 6b

1b 2. unterstützen • 3. existieren • 4. anerkennen • 5. sich bewerben • 6. bestätigen • 8. die Hilfe • 9. die Bezahlung • 10. die Tätigkeit • 11. die Werbung • 12. die Sprache

4C Ein Projekt – viele Helfer

1 2. (L) mag • 3. (W) möchte • 4. (L) mag • 5. (L) mag • 6. (W) möchtest • 7. (L) mag • 8. (W) möchtet • 9. (W) möchte

2 2. mochte • 3. wollte • 4. mochte • 5. mochten • 6. wollte • 7. wollte • 8. mochte • 9. wollte • 10. wollte

3a 2. Der Chef hat gesagt, Sie sollen den Kunden anrufen. • 3. Sie müssen den Text noch einmal gründlich überarbeiten. • 4. Man darf im Büro nicht privat telefonieren. • 5. Im Büro kann man Kaffee oder Tee kochen. • 6. Ich möchte in Ruhe an meiner Präsentation arbeiten. • 7. Möchten / Wollen Sie nach der Arbeit in eine Bar mitkommen? • 8. Können Sie den Kopierer bedienen?

3b 2. dürfen / können • 3. können • 4. dürfen • 5. kann • 6. können • 7. darf / kann

3c 1. Sätze 3, 6 • 2. Satz 2, 5 • 3. Sätze 4, 7

3d 2D • 3E • 4A • 5B • 6C

3e 2. soll • 3. muss • 4. soll / muss • 5. muss • 6. sollen • 7. sollen / sollten • 8. soll / muss • 9. muss

4 2. …, ich brauche für die Klasse keine Kopien vorzubereiten. • 3. …, ich brauche nicht frei zu sprechen. • 4. …, ich brauche keine Karteikarten zu beschreiben. • 5. …, ich brauche der Lehrerin keine Gliederung vorzulegen. • 6. …, das Referat braucht morgen noch nicht fertig zu sein.

5 2. möchten / wollen • 3. dürfen / können • 4. können • 5. wollen / möchten • 6. brauchen • 7. mögen • 8. möchten / wollen • 9. wollen • 10. dürfen / wollen • 11. können • 12. müssen

4 D Zivilcourage

1 **Passanten um Hilfe bitten:** Rufen Sie bitte sofort einen Krankenwagen! • Könnten Sie mir bitte helfen? • Können Sie bitte die Polizei rufen? • **jemanden bitten, in Ruhe gelassen zu werden:** Bitte stören Sie mich jetzt nicht! • Ich möchte nicht mit Ihnen sprechen. • **jemandem Hilfe anbieten:** Benötigen Sie Hilfe? • Kann ich Ihnen helfen? • Kann ich etwas für Sie tun?

4 E Ganz schön egoistisch!

1a 2. Er lässt seine Noten oft zu Hause liegen. • 3. Er lässt sich dann die Noten von Paula bringen. • 4. Karol lässt sich von seiner Freundin nicht bei der Arbeit stören. • 5. Er lässt Paula nicht bei Proben zuhören. • 6. Bei Konzerten lässt er sie oft lange in seiner Garderobe warten. • 7. Bei Einladungen lässt der Popstar seine Freundin für die Gäste kochen. • 8. Auf Partys lässt er seine Freundin sehr oft allein stehen.

1b 1. Sätze: 3, 7 • 2. Sätze: 4, 5 • 3. Sätze: 2, 6, 8

1c **Regel:** Das Hilfsverb „lassen" bildet das Perfekt mit dem Infinitiv „lassen".

1d 2. Er hat seine Noten oft zu Hause liegen lassen. • 3. Er hat sich dann die Noten von Paula bringen lassen. • 4. Karol hat sich von seiner Freundin nicht bei der Arbeit stören lassen. • 5. Er hat Paula nicht bei Proben zuhören lassen. • 6. Bei Konzerten hat er sie oft lange in seiner Garderobe warten lassen. • 7. Bei Einladungen hat der Popstar seine Freundin für die Gäste kochen lassen. • 8. Auf Partys hat er seine Freundin sehr oft allein stehen lassen.

2 2. hängen lassen • 3. stehen lassen • 4. stecken lassen • 5. stehen lassen • 6a / b lässt … sitzen

3a 2. kommen • 3. gehen • 4. fotografieren • 5. die Tournee machen

3b 2. Er hat seine Freunde nicht zu den Proben gelassen. / Er hat seine Freunde nicht zu den Proben kommen lassen. • 3. Er hat seine Freundin nicht allein auf Partys gelassen. / Er hat seine Freundin nicht allein auf Partys gehen lassen. • 4. Aber heute hat Karol sie gelassen. / Aber heute hat Karol sie fotografieren lassen. • 5. Paula hat ihn gelassen. / Paula hat ihn die Tournee machen lassen.

4a 2. Endlich sahen wir Karol auf die Bühne kommen. • 3. Ich half ihr aufstehen. • 4. Während des Konzerts lernten wir neue Songs singen. • 5. „So ein tolles Konzert!", jubelten die Fans und blieben lange stehen. • 6. Danach ging ich noch zu Karol ein Autogramm holen.

4b 2. Endlich haben wir Karol auf die Bühne kommen sehen. • 3. Ich habe ihr aufstehen helfen. • 4. Während des Konzerts haben wir neue Songs singen gelernt. • 5. „So ein tolles Konzert!", haben die Fans gejubelt und sind lange stehen geblieben. • 6. Danach bin ich noch zu Karol ein Autogramm holen gegangen.

4 F Mein Buch, dein Buch?

1a aussterben • durchlesen • hineinschauen • nachschauen

1b 1b. – • 2a. schaue • 2b. nach • 3a. entdecke • 3b. – • 4a. besitzen • 4b. – • 5a. verbringe • 5b. – • 6a. schaue • 6b. hinein • 7a. lese • 7b. durch • 8a. sterben • 8b. aus

2a 6. Bohne • 7. sehr • 9. fühlen • 12. Kohl • 14. zählen • 19. kühl • 24. Möhre

2b 1b. die Wahl • 2a. mehr • 2b. das Meer • 3a. mahlen • 3b. malen

Kapitel 5

5 A Ein Dach über dem Kopf

1 2. die Enge • 3. die Gemütlichkeit • 4. die Romantik • 5. die Wärme • 6. die Einsamkeit • 7. der Komfort • 8. die Mobilität • 9. die Kälte • 10. die Ästhetik • 11. die Anonymität • 12. die Dunkelheit

5 B Tausche Wohnung

1

Nomen + Nomen	Adjektiv + Nomen	Adverb + Nomen	Verb + Nomen
das Dachgeschoss, das Erdgeschoss, das Haustier, der Immobilienmakler, die Monatsmiete, der Quadratmeter, das Tageslichtbad	das Hochhaus, der Neubau	die Innenstadt, das Obergeschoss	die Heizkosten, die Waschmaschine, die Wohngemeinschaft

5 C Wohntrends

1 2. überflüssig • 3. winzig • 4. effizient • 5. sparsam • 6. anstrengend • 7. verkleinern

2a 2. Sie hat lange nach einer kleinen Wohnung in zentraler Lage gesucht. • 3. Die Wohnung liegt direkt neben dem großen Einkaufszentrum. • 4. Marie kann gut auf überflüssige Dinge verzichten, aber Folgendes ist für sie wichtig: eine praktische Küche, ein separates WC und ein helles Schlafzimmer. • 5. Besonders gut gefällt mir ihr gemütliches Wohnzimmer. • 6. Klimaschutz ist ebenfalls ein wichtiger Aspekt für Marie. Sie hat kein eigenes Auto und fährt immer mit ihrem schicken Fahrrad zur Arbeit. • 7. Ihre neuen Nachbarn sind sehr nett und hilfsbereit. • 8. Glücklicherweise kommen zur Kaltmiete keine hohen Nebenkosten hinzu.

2b

Neuer Trend = alter Trend

Trotz des aktuellen Trends bei Einrichtungen setzt ein Großteil der befragten Leser auf bekannte Wohnideen. Der Wohntrend des kommenden Jahres: Natürliche Materialien wie Stein und Holz sowie warme Farben sind auch die klaren Favoriten der nächsten Saison.

Adjektivendungen im Genitiv nach bestimmten Artikel				
	m	**n**	**f**	**Pl.**
Gen.	-en	-en	-en	-en

2c Regel: Die Endung der Adjektive im Genitiv nach dem bestimmten Artikel ist immer „-en".

2d Die Adresse meines neuen Vermieters • die Erhöhung meiner jährlichen Miete • die Auflistung meiner monatlichen Nebenkosten • die Zusammenstellung zusätzlicher Ausgaben • die Fotos meines alten Bades • Trotz konstanter Betriebskosten …

	m	n	f	Pl.	
Adjektivendungen im Genitiv nach dem unbestimmten Artikel, Possessiv- und Negativartikel					
Gen.	neuen	alten	jährlichen	zusätzlicher	monatlichen

2e Regel: Nach dem unbestimmten Artikel, Possessiv- und Negativartikel ist die Endung immer: „-en". Im Plural ist die Genitivendung nach dem unbestimmten Artikel (= Nullartikel): „-er".

2f Trotz intensiver Suche • Toleranz ist einer der Hauptgründe guten Zusammenlebens • Viele Probleme beim Abschluss mündlicher Mietverträge • Hier die Meinungen verschiedener WG-Bewohner • Trotz schriftlichen Vertrags

	m	n	f	Pl.
Adjektivendungen im Genitiv nach dem Nullartikel				
Gen.	-en	-en	-er	-er

2g Regel: Die Endung der Adjektive im Genitiv vor Nomen ohne Artikel ist im Maskulinum und Neutrum: „-en". Im Femininum und Plural ist die Endung: „-er".

2h 2. gesamten • 3. motorisierter • 4. kleiner • 5. gemeinsamen • 6. wichtigen

2i 2. bezahlbare • 3. Endlose • 4. wenigen • 5. zahllose • 6. hohen • 7. großen • 8. vielen • 9. passenden • 10. regelmäßige • 11. unterschiedliche • 12. gemeinsamen • 13. jungen • 14. pflegerischen • 15. generelle • 16. eigenen

3a

Besonderheit	Grundform	Komparativ	Superlativ
2. unregelmäßig mit Umlaut	warm	wärmer	am wärmsten
3. Adjektive auf: „d", „s", „ß", „sch", „t", „z": Superlativ auf „-est"	alt bekannt heiß hübsch kurz	älter bekannter heißer hübscher kürzer	am ältesten am bekanntesten am heißesten am hübschesten am kürzesten
4. Adjektive auf: „-el", „-er"	dunkel teuer	dunkler teurer	am dunkelsten am teuersten
5. Sonderformen	gern gut hoch nah viel	lieber besser höher näher mehr	am liebsten am besten am höchsten am nächsten am meisten

3b 2. weitesten • 3. wärmsten • 4. höher • 5. näher • 6. kürzesten • 7. höchsten / teuersten • 8. dunkler • 9. liebsten • 10. hübschesten • 11. mehr • 12. teurer

3c 2. wie • 3. als • 4. als • 5. wie • 6. als • 7. als • 8. wie • 9. wie

4a 3. stabileren • 4. der stabilste • 5. härtere • 6. die härtesten • 7. einen höheren • 8. der höchste • 9. breiteres • 10. die breitesten

4b 2. mehr • 3. besten • 4. beliebtesten • 5. größte • 6. höchste • 7. flexiblere • 8. besseren • 9. am freundlichsten • 10. am kompetentesten

5a 1b • 2a • 3b • 4b • 5a • 6b • 7a • 8a

5b 2. Interessantem • 3. Richtige • 4. Dumme • 5. Schnellsten • 6. Exklusivste • 7. Preiswerteste • 8. Idealeres • 9. Vieles • 10. Altes • 11. Modernem • 12. Wichtigste

5 D Mein Zuhause

1 1b • 2a • 3c • 4a • 5c • 6b

5 E Anders wohnen – anders leben

1a 2. Über „Sieben Linden" wurden zwei Filme produziert. (Agens ist nicht wichtig) • 3. Auch in Zukunft werden ältere Menschen von den Dorfbewohnern selbst gepflegt werden. (Agens wichtig) • 4. Die Kommunikation innerhalb des Dorfes wird durch Computer erleichtert. (Agens wichtig) • 5. Anfangs war die Lebensweise in „Sieben Linden" von den Bewohnern Poppaus kritisch betrachtet worden. (Agens wichtig) • 6. 2002 ist ein Waldkindergarten gegründet worden. (Agens nicht wichtig)

1b 2. Die wichtigsten Entscheidungen sind schon immer gemeinsam besprochen worden. 3. Auch in Zukunft werden viele soziale Projekte unterstützt werden. 4. In der Vergangenheit waren vor allem Handwerker gesucht worden. 5. Jeden Monat wird ein Mitgliedsbeitrag von 100 Euro gezahlt. 6. Letztes Jahr wurden viele Veranstaltungen angeboten.

1c Etwas ist geschehen. (Passiv): Ein neuer Rat ist gewählt worden. • Alle wichtigen Aufgaben sind erledigt worden. • Ein Sommerfest ist organisiert worden. • Viele neue Ideen sind ausprobiert worden. • **Etwas / jemand hat sich verändert. (Aktiv):** Das Dorf ist größer geworden. • Alle Erwachsene sind Genossenschaftsmitglieder geworden. • Das Leben in „Sieben Linden" ist bunter geworden.

2

Position 1	Position 2		Satzende
2. Im letzten Sommer	konnten	viele schöne Feste	gefeiert werden.
3. Handys	sollen	im Dorf	ausgeschaltet werden.
4. Aber Computer	dürfen	in „Sieben Linden"	benutzt werden.
5. Letztes Jahr	musste	eine Informationsveranstaltung	abgesagt werden.
6. Von Anfang an	sollte	die Gemeinschaft von den Bewohnern	respektiert werden.

3a 2. die gerade frisch gestrichenen Wände • 3. der häufig genutzte Raum • 4. das selbst gebaute Regal • 5. die neu eingerichtete Küche

3b 2. eröffneten • 3. befahrenen • 4. eingesetzten • 5. beschädigten • 6. renovierten

5 F Übernachten mal ganz anders

1a Unhöflich und unsachlich ist: Ihr Personal war furchtbar. • Der Aufenthalt war eine Katastrophe! • Alles war schmutzig. • Es gab nur Probleme. • Nichts hat funktioniert.

1b 2. ~~ihrem~~ → Ihrem • 3. ~~mir~~ → mich • 4. ~~sie~~ → es • 5. ~~nicht funktioniert hat~~ → hat nicht funktioniert • 6. ~~bin~~ → habe • 7. ~~bezahlen~~ → bezahlt • 8. ~~ich kann~~ → kann ich • 9. ~~Entschuldigung~~ → Entschädigung • 10. ~~Grüße~~ → Grüßen

Kapitel 6

6 A Neues entdecken und erfahren

1 2. reich • 3. Hafen • 4. spannend • 5. Heimweh • 6. Fernweh • 7. Ruhe • 8. Abenteuer • 9. gefährlich • Lösung: Erfahrung

6 B Faszination Extremsport

1a *Mögliche Lösungen:*

1b 2. Vogel • 3. Luft • 4. durchschnittliche • 5. Höchstgeschwindigkeit • 6. Berghänge • 7. Sicherheit • 8. körperliche • 9. regelmäßiges

2a 2G • 3AD • 4A • 5D • 6AD • 7N • 8G • 9N • 10A • 11AD • 12D

2b 1. N • 2. eine gefährliche Extremsportart • N • 3. vieler Ausreden • G • 4. Vorbilder • N • 5. der Anfänger • G • 6. einer besonderen Unterstützung • G

3a 1S • 2P • 3S • 4S • 5P • 6P • 7P • 8S

3b 2. Wovon träumt er? • 3. Worauf verzichtet er? • 4. Mit wem trainiert er täglich? • 5. Worunter leidet Tims Gesundheit? • 6. Woran glaubt der Trainer? • 7. Um wen kümmern sich die Eltern sehr? • 8. In wen ist Tim total verliebt? • 9. An wen denkt seine Freundin auch ganz fest?

3c 2. sich fürchten vor + D. • 3. sich kümmern um + A. • 4. sich erholen von + D. • 5. sich freuen über + A. / sich freuen auf + A. / sich freuen mit + D. • 6. sich interessieren für + A. • 7. leiden unter + D. / leiden an + D. • 8. verzichten auf + A. • 9. sich bedanken für + A. / sich bedanken bei + D. • 10. führen zu + D. • 11. warten auf + A. • 12. sich beschäftigen mit + D. • 13. sprechen über + A. / sprechen mit + D. / sprechen von + D • 14. denken an + A. / denken über + A. • 15. sich verlieben in + A.

3d 2. Im Stadion denkt jeder Athlet an sein nächstes Rennen. • 3. Während der Wettkämpfe kümmern sich die Trainer um die aufgeregten Sportler. • 4. Manche Sportler leiden sehr unter ihrer Nervosität. • 5. Starke Nervosität kann zu schlechten Leistungen führen. • 6. Deshalb können die Sportler mit einem Sportpsychologen über ihre Ängste sprechen. • 7. Nach jedem Wettkampf warten die Sportler auf ihr Ergebnis. • 8. Nach dem Wettkampf müssen sich die Sportler erst einmal von den großen Strapazen erholen. • 9. Viele Athleten bedanken sich bei ihren Fans für die Unterstützung.

4a sich vorbereiten auf + A. • sich erinnern an + A. • sich befreien von + D. • sich kümmern um + A. • sich erholen von + D. • sich interessieren für + A. • sich bedanken für + A. / bei + D. • sich verlieben in + A. • sich fürchten vor + D.

4b

	Reflexivpronomen im Akkusativ (ohne zusätzliche Akkusativ-Erg.)	Reflexivpronomen im Dativ (mit Akkusativ-Erg.)
ich	kämme mich	kämme mir die Haare
du	kämmst dich	kämmst dir die Haare
er / sie / es	kämmt sich	kämmt sich die Haare
wir	kämmen uns	kämmen uns die Haare
ihr	kämmt euch	kämmt euch die Haare
sie / Sie	kämmen sich	kämmen sich die Haare

4c 2. mich • 3. mir • 4. mir • 5. mich • 6. mich • 7. mir • 8. mir

5a 2. sich informieren • Regel: 3 • 3. sich kümmern • Regel: 4 • 4. entscheiden sich • Regel: 2 • 5. sich schämen • Regel: 5

5b 2. Oft rühmen sie sich besonderer Fähigkeiten. • Regel: 3 • 3. Nach dem Wettkampf bedanken sich die Sportler häufig bei ihren Fans. / Nach dem Wettkampf bedanken die Sportler sich häufig bei ihren Fans. • Regel: 2 • 4. Es ist normal, dass sich die neuen Teammitglieder der Mannschaft vorstellen. / Es ist normal, dass die neuen Teammitglieder sich der Mannschaft vorstellen. • Regel: 4 • 5. Das Kennenlernen ist sehr wichtig, weil sie sich sonst aufregen. • Regel: 5

6a

Verb	Bedeutung bei reflexiver Verwendung	Bedeutung bei nicht-reflexiver Verwendung
2. (sich) erinnern	Ich erinnere mich nicht an ihren Namen. (= Ich weiß ihn nicht mehr.)	Mein Chef erinnert mich an den Termin. (= Er sagt mir Bescheid.)
3. (sich) umziehen	Sie zieht sich für die Party um. (= Sie wechselt die Kleidung.)	Sie zieht in eine neue Wohnung um. (= Sie wechselt die Wohnung.)
4. (sich) vorstellen	Ich stelle mich den Nachbarn vor. (= Ich mache mich selbst bekannt.)	Ich stelle Ihnen heute Herrn Nuy vor. (= Ich mache Sie mit Herrn Nuy bekannt.)
5. (sich) kaufen	Ich kaufe mir (= für mich selbst) einen Computer.	Ich kaufe einen neuen Fernseher. (= Es ist nicht klar, für wen der Fernseher gekauft wird.)

6b 2. – • 3. sich • 4. – • 5. sich • 6. sich • 7. mich

6 C Mit Routinen brechen

1 2E • 3D • 4B • 5C • 6A

2a

	m: der Sport	n: das Buch	f: die Küche	Pl: die Filme
N	derselbe	dasselbe	dieselbe	dieselben
A	denselben	dasselbe	dieselbe	dieselben
D	demselben	demselben	derselben	denselben
G	desselben	desselben	derselben	derselben

2b 2. dieselbe • 3. denselben • 4. dieselbe • 5. dieselben • 6. denselben • 7. demselben

3a 2. nicht • 3. kein • 4. nicht • 5. nicht • 6. keine

3b 2. Viele Leute essen zum Beispiel nie(mals) das Gleiche zum Frühstück. • 3. Die meisten Menschen sind im Alltag sehr

unhöflich. • 4. Aber ich möchte mein Leben nicht ändern. •
5. Mein Alltag gefällt mir nicht.

3c 2. nicht mehr • 3. nichts • 4. wenig • 5. nie • 6. niemandem •
7. nirgendwo • 8. nirgendwohin • 9. niemand • 10. nie • 11. noch
nicht

6D Wissensdurst

1a 1. die Entwicklung • die Gleichheit • 2. Es gibt oft … • Ich
finde es schwierig, wenn … • 3. der Große Bär • der Kleine
Wagen • 4. das Wissen • etwas Schönes • alles Gute • 5. heute
Morgen • gestern Abend • 6. …, dass sie am schönsten ist. • …
ist am teuersten.

1b Gestern Abend hat Paul an der Tür gelauscht und ein Geheimnis erfahren. Jetzt ist er sich nicht sicher, ob er es jemandem erzählen oder lieber den Mund halten soll. Eine solche Situation haben die meisten von uns schon erlebt. Sie ist sicherlich sehr unangenehm. Ist Neugier also nun gut oder schlecht?
Diese Frage lässt sich leider nicht klar beantworten. Zwar gibt
es viele Sprichwörter, die sagen, dass Neugier eine schlechte Charaktereigenschaft ist, die uns auch in Schwierigkeiten
bringen kann, aber Forscher haben herausgefunden, dass
Neugierige länger leben. Wichtig ist, Neuem aufgeschlossen
und interessiert gegenüberzustehen. Fangen wir schon heute
damit an!

6E Literatur entdecken

1 1. Nachfragen bei Interesse: Das war sehr interessant, vielen Dank. Ich würde noch gern mehr über … erfahren. • Darf ich
noch etwas zu … fragen? • Mich würde noch interessieren, … •
2. Nachfragen bei Unverständnis: Ich hätte noch eine Frage … •
Könnten Sie / Könntest du noch einmal kurz … erläutern? •
Ich habe nicht ganz verstanden, was Sie / du über … gesagt
haben / hast. • Könnten Sie / Könntest du das noch einmal dar-
stellen / wiederholen? • Sie haben / du hast ja gesagt, dass …
Dazu habe ich noch eine Frage. • 3. Nach der Meinung fragen:
Wie ist denn Ihre / deine Meinung zu …?

6F (Meine) Entdeckungen

1 2E • 3A • 4B • 5H • 6I • 7F • 8D • 9G

Bildquellen

Cover. 1 shutterstock (LeManna), New York; **8.1** Thinkstock (Pixland), München; **8.2** shutterstock (wavebreakmedia), New York; **8.3** shutterstock
(puhhha), New York; **8.4** shutterstock (BalanceFormCreative), New York; **8.5** shutterstock (SeventyFour), New York; **8.6** shutterstock
(wavebreakmedia), New York; 10 shutterstock (mentatdgt), New York; **14.1** Shutterstock (LianeM), New York; **14.2** Shutterstock (tale), New
York; **14.3** Thinkstock (Siraphol), München; **14.4** Thinkstock (Skystorm), München; **14.5** Thinkstock (LeventKonuk), München; **14.6** Thinkstock
(srdjan111), München; **14.7** Thinkstock (Dave White), München; **14.8** Thinkstock (Brian McEntire), München; **14.9** Thinkstock (koosen), München;
18 shutterstock (r.classen), München; 22 gemeinfrei; 34 wikimedia commons (OTFW); 37 wikimedia Commons (Brunswyk); 38 Mikrohaus.com,
Wien; 46 shutterstock (Photo Volcano), München